Stb

Ingrid Kraaz von Rohr/Wulfing von Rohr

Die Farben deiner Seele

Handbuch mit 12-Farben-Test

Stb

Als Vorlage diente die im Jahre 1994 unter gleichnamigem Titel erschienene Ausgabe des Kösel Verlages.

ISBN 978-3-9434-4479-8 (vormals 978-3-89767-479-0)

5. Auflage Dezember 2012,
versehen mit neuem Umschlag und neuer ISBN

Umschlaggestaltung: Murat Karaçay, Schirner
Satz: Elke Truckses, Schirner
Farbabbildungen: Gabrielle Sontheim
Illustrationen unter Verwendung von Fotolia 16504148 (MacX)
Printed by: OURDASdruckt!, Celle, Germany

www.schirner.com

Inhaltsverzeichnis

Everyone ist coloured
with the divine light of God.

Rajinder Singh
Weltfriedenskonferenz 1994, Delhi

Widmung

Farben erfüllen eine wichtige Brückenfunktion zwischen körperlichem und emotionalem Empfinden einerseits und dem Reich des Seelisch-Geistigem andererseits.
Licht und Farben können disharmonische Schwingungen ausgleichen und so die eigentlichen Ursachen von Beschwerden beseitigen. Warum?
Am Anfang war das Licht. Dieses Licht teilt sich auf in Farben. Wenn nun Störungen uns beeinflussen, sei es durch Gedanken oder Gefühle, verändert sich unser harmonisches Farbengleichgewicht. Hier setzt die Licht- und Farbtherapie ein. Dieses Buch widme ich dem göttlichen Licht, das uns alle – wenn wir uns dafür öffnen – zum Ursprung der Schöpfung führt, zu uns selbst.
Ich danke Sant Darshan Singh, der mich auf dem Weg zum Licht entscheidend lenkte, und Peter Mandel für die Vermittlung der ersten Wissensgrundlagen über die Heilwirkungen von Farben.

Ingrid Kraaz von Rohr

I.

Mein Weg zum Licht

Ein Pferd war für mich der Auslöser, dass sich mein Leben vollkommen veränderte. Ich stürzte von diesem Pferd. Mein Rücken war ramponiert, mein Hals war verrenkt, die ganze Wirbelsäule war in Mitleidenschaft gezogen worden. Später stellte sich heraus, dass ein Muskel an der Schilddrüse verletzt worden war, noch viel später erfuhr ich vom Zusammenhang zwischen Schilddrüse und dem sogenannten Kehlkopfchakra, dem Kraftzentrum für den Selbstausdruck und die Vermittlung von Informationen.

Alle guten Ratschläge und sogar Warnungen, nach dem Sturz genügend lange auszuruhen und mich wieder zu erholen, schlug ich in den Wind. Ich war glücklich und auch ein bisschen stolz, viele sehr gute Aufträge zu haben, und ich meinte, es mir aus Prestigegründen nicht leisten zu können, anspruchsvolle und dabei hochdotierte Buchungen einfach ausfallen zu lassen. Meist ist man dann schnell aus dem Geschäft oder wird als arrogant angesehen.

Eines Abends saß ich mit einem Freund beim Abendessen in einem Lokal, als ich plötzlich spürte, dass irgend etwas »von mir ging«. Ich wollte nach dem Glas Wasser greifen, aber alles wirkte merkwürdig, wie fremd, und schien weit weg von mir zu sein. Ich empfand einen Strudel von eigenartigen Gefühlen, kurzfristigen Schwindelanwandlungen und dabei doch die absolute Gewissheit, dass dies kein Ohnmachtsanfall war. Ich dachte: »Das ist keine Ohnmacht, das ist anders – jetzt gehe ich von hier fort.« Ich sackte auf meinem Stuhl zusammen und befand mich im selben Augenblick in einem wunderschönen weißen, klaren Licht. Es herrschte absolute Stille. Meine Gedankengänge liefen zweigleisig. Zum einen wollte ich dem Freund da unten nicht den Schock antun, mich unter solchen Umständen endgültig aus diesem Leben zu verabschieden, andererseits fühlte ich mich im weißen Licht geborgen. Ich wusste, ich würde meine früh an Infarkt und Lebenskummer verstorbene Mutter wiedersehen.

Aus dem weißen Licht tauchte ein geflügeltes weißes Pferd auf. Ich »erkannte« es als Symbol für die geistige Gegenwart meiner Mutter. Eine Stimme »sprach« sehr liebevoll mit mir: »Du kannst hier noch nicht bleiben. Du hast noch viel zu lernen und große Aufgaben zu erfüllen. Du wirst vielen Menschen helfen dürfen, ihr Leben besser zu verstehen.« Das weiße Licht wurde milchig, ich wurde wie durch einen Tunnel oder Trichter gesogen. Ich »erwachte« und spürte Schmerzen. Mir war hundeelend, und doch empfand ich auf einmal ein Glücksgefühl und eine Sicherheit in mir, die ich vorher nicht gekannt hatte. Ich »erkannte«, dass ich mein Leben grundsätzlich verändern musste.

Die Veränderungen erfolgten recht schnell – zufällig oder aus höheren geistigen Dimensionen gesteuert? Die Unfallfolgen verschlimmerten sich; Schulmediziner konnten nicht helfen. Homöopathie und Naturheilkunde eines sehr guten Heilpraktikers retteten mich vor einer fast völligen Invalidität. Ich wechselte den Beruf, weil ich meine Berufung erfuhr: Homöopathie, Naturheilkunde, Verständnis für die Grundlagen der Heilung des ganzen Menschen als einer Einheit von Körper, Geist und Seele. Ich studierte an der dafür besten Schule in Deutschland, der Josef-Angerer-Schule in München.

Ich hatte etwas in einer anderen Dimension erfahren, von deren Existenz ich vorher noch nicht einmal gewusst hatte. Ich wollte mehr von der inneren Stimme wissen, die zu mir gesprochen hatte. Inzwischen gibt es ja recht ausführliche Berichte über solche Erlebnisse und Ereignisse, damals war dies für mich völlig neu. Ich hatte im normalen Wachzustand immer wieder einmal Licht und Farben um Personen gesehen, war aber niemals zuvor in einem sogenannten außerkörperlichen Bewusstseinszustand gewesen.

Die innere Sicherheit und tröstliche Gewissheit über spirituelle Hilfe von »innen« oder »oben«, wie man will, hat mich seither auch in schwierigsten Krisen nicht verlassen. Ich machte es mir zur Aufgabe, die Wirkungen von Licht und Farben weiter zu erforschen – als Heilerin, als Heilpraktikerin, als spirituell suchender Mensch. Durch die Arbeit in meiner Praxis, die Begegnungen und Gespräche mit vielen Patientinnen und Patienten, den Austausch mit geistig eingestellten Menschen durfte ich immer mehr auch auf der intellektuellen Ebene erfahren, was meine intuitiven und meditativen Erlebnisse und Einblicke bestätigte und erweiterte. Ich erkannte, dass ich schon als Kind das wahrgenommen hatte, was ich heute die »Farben der Seele« nenne. Ich erlebte, dass die Farben von Aura und Chakras – also von der besonderen Energieausstrahlung des ganzen Menschen und von unseren speziellen, an bestimmten Stellen des Körpers angeordneten Kraftzentren – nicht nur »schön« oder »farbig« oder auch »matt« aussahen, sondern dass sie sehr konkrete Signale darstellten und Lichtbotschaften aussandten, die manche Heiler und medial begabte Menschen auffangen, deuten und nutzen können, vor allem, wenn sie über eine zusätzliche medizinische, psychologische und spirituelle Ausbildung verfügen.

Das Schicksal – manche sagen, das »Karma« – hat mir aufgetragen, dass ich die Gabe, die Farben der Seele wahrzunehmen, mit konkretem naturheilkundlichem Wissen und einer tröstlichen spirituellen Führung verbinden darf (und manchmal »muss«), um anderen Menschen zu helfen. Die Farben der Seele können heilen, sie sind Zeichen für unseren körperlichen und seelischen Gesundheitszustand, und sie dienen als Schlüssel zur Bewusstseinsentwicklung. Ich wünsche Ihnen von ganzem Herzen, dass Sie die Farben Ihrer Seele erfahren, annehmen und nutzen mögen, um Heilung zu finden und Licht für ein wahrhaft erfülltes Leben. Dazu soll dieses kleine Buch Ihnen eine ganz persönliche Hilfe werden.

II.

Licht –

heilende Kraft des Lebens

Für mich ist Leben LICHT. Ohne die Energie des Lichts könnte unser Planet Erde, könnten wir Menschen selbst nicht existieren. Sonnenlicht, Augenlicht, Herzens- und Seelenlicht – wir sind von Licht umgeben, wir nehmen Licht auf, und wir strahlen Licht aus. Wir SIND Licht. Dort, wo Licht gesammelt, gebündelt und rein erstrahlt, ist ein Ort der Kraft. Wo Licht strahlt, fließen Kräfte des Lebens. Ein Mensch ohne äußeres Licht vegetiert nur dahin; ein Mensch ohne inneres Licht verbreitet Dunkel und Kälte. Geistführer, Heilige und warmherzige Menschen dagegen bringen Licht in das Leben ihrer Mitmenschen.

Es gibt Licht in Form von

- Seelenkräften, die durch den spirituellen Körper aufgenommen und ausgestrahlt werden, wie beispielsweise Harmonie, Liebe, Einheit, Wissen, überpersönliche Kräfte;
- emotionalen und mentalen Kräften, die sich im Emotionalkörper auswirken, z. B. Wünsche, Gedanken, Leidenschaften, Glauben, persönliche Ego-Kräfte;
- physischen Kräften, die durch den physischen Körper aufgenommen werden und ausstrahlen, z. B. Atemluft, Prana, Energien aus der Ernährung, aber auch Erd- und kosmische Strahlen, elektromagnetische Felder usf.

Der Mensch ist also Empfänger und gleichzeitig Sender von Licht als Kräfte, Strahlen und Schwingungen – denken Sie nur daran, wie oft wir unwillkürlich spüren, wenn ein uns bislang fremder Mensch zur Tür hereinkommt, ob wir ihn sympathisch finden oder nicht. Heiler und Sensitive empfangen »negative Schwingungen« besonders stark in ihrem Astralkörper, der Teile des Emotionalkörpers umfasst, sich aber auch auf weitere innere oder feinstoffliche Dimensionen erstreckt. Es wird dann dunkel in ihnen. Das wirkt sich auf ihr Nervensystem aus – deshalb ist es so wichtig, sich immer wieder nach Behandlungen zu »klären« und zu »schützen«. Wir haben es also mit einer gegenseitigen Wirkung von Kräften zu tun. Die spezifischen Kräfte von Gedanken, Gefühlen, aber auch von anderen Menschen und Orten, zum Beispiel von »Orten der Kraft«, wirken auf Menschen ein, und Menschen wiederum können ihre Kräfte dort ausstrahlen. Erdstrahlen und kosmische Energiefelder, aber auch Mythen können latent angelegte archetypische Kräfte im Menschen mobilisieren. Uns geht es in diesem Buch darum, wie wir Menschen eigene oder höhere »göttliche« Kräfte aus der eigenen Mitte heraus mobilisieren können, um

- physische und emotional-mentale Gesundheit,
- seelisches Gleichgewicht, Gelassenheit und Harmonie,
- spirituelle, intuitive und sensitive Öffnung für die Energien von innen und außen zu erlangen.

Erst dann können wir

- uns vor eventuell negativen Kräften schützen;
- die Eigenart von vorherrschenden Kräften erkennen und einordnen;
- Energien einsetzen, um »negative« Kräfte innen und außen zu heilen und die Heilkräfte »positiver« Energien aufzunehmen und weiterzugeben.

Als Hilfe, um diese Art von Balance in mehrschichtigen Dimensionen zu finden, dienen u. a. Farbtherapie, Bachblüten, Meditation und andere »Techniken«. Ohne vorher möglichst völlig klar zu sein, kann man – wie jeder gute Wünschelrutengänger bestätigen wird – weder muten noch pendeln, noch medial arbeiten, noch heilend oder künstlerisch tätig sein. Der Mensch ist also Mittelpunkt von Kräften, weil wir es sind, die Kräfte bewusst oder unbewusst wahrnehmen, und weil sich Kräfte an uns und durch uns auswirken. Diese Kräfte können grob in physisch-physikalische, emotional-mental-astrale und seelisch-spirituell-geistige eingeteilt werden. Wir werden davon beeinflusst und können sie wiederum – transformiert oder »pur« – ausstrahlen über unsere drei Körper, den physischen, den emotionalen und den seelischen Körper. Besonderer Bedeutung kommt dabei der Aura und den Chakras zu.

Die *Aura* ist das Licht- und Energiefeld um den Menschen, das nicht nur aus elektromagnetischen, sondern auch aus emotionalen, astralen und spirituellen Kräften besteht und sowohl von unserem sich ständig verändernden Zustand beeinflusst wird, wie von Erdkräften und kosmischen Kräften und, das möchte ich hier ruhig direkt sagen, von göttlichen!

Die *Chakras* oder *Chakren* sind subtile Licht- und Energiezentren, man könnte sagen, »Orte der Kraft« im Menschen, die in Beziehung zu unserem Drüsensystem stehen und zu unseren drei Körpern. Aura und Chakras stehen im wechselseitigen Energieaustausch. Beide geben Aufschluss über Gesundheit, Spannkraft, Charisma, seelisch-spirituelle Entwicklung und vieles mehr. Aura und Chakras behandle ich im nächsten Kapitel ausführlicher.

1. Licht aus dem Kosmos

Wir Menschen sind unmittelbare Empfänger von Strahlen, Schwingungen, Frequenzen und Lichtwellen aus dem Kosmos. Unsere Sonne ist der offensichtlichste Licht- und Kraftspender. Aber auch der Mond sendet uns Energien, nämlich die durch seine Qualitäten transformierten und veränderten Sonnenkräfte. Das Gleiche gilt für die Planeten unseres Sonnensystems. Sie alle strahlen mit ihrem Licht auch reale und symbolische Informationen ab, die gute Astrologen entschlüsseln und deuten können und die wir alle, ob wir wollen oder nicht, als Bildekräfte unserer Seele empfangen. Selbst aus den Tiefen des Alls strömt ein ständiger Lichtfluss von den sogenannten Fixsternen, also den Millionen und Abermillionen Sonnen und Sternensystemen, den Galaxien und sogar den unsichtbaren schwarzen Löchern und »Radiosternen« zur Erde. Die Sonnenstrahlen sind unsere wichtigste Energiequelle, sowohl physisch wie seelisch. Die psychosomatischen Folgewirkungen eines Mangels an Sonnenlicht werden leider noch viel zu wenig beachtet. Ich gehe darauf später im Abschnitt über Farbtherapie näher ein. Die Kräfte des Mondes, der Planeten und der Sterne des Nachthimmels werden ebenfalls weitgehend unterschätzt. Wer unter wirklich klarem Himmel, wie wir ihn zum Beispiel über New Mexico kennen, in der Nacht zum Himmel aufblickt, wird seelisch wirksame Prägungen aus dem Kosmos erfahren, die für unsere spirituelle Entwicklung höchst bedeutsam sind. Unsere Lichtheimat im Kosmos ist ein faszinierendes und dabei auch umstrittenes Thema mit vielerlei widersprüchlichen Aussagen der verschiedenen Forscher, Channel-Medien und Mystiker.

So viel ist aber meiner Ansicht nach unumstritten: Wir Menschen sind nach unserem innersten Wesen göttliche Energie, die sich zuerst in Licht und Klang manifestiert. Licht ist, wenn man so will, die »schnellere« Frequenz,

Klang die »langsamere«. Wo immer Licht (und Klang) schwingen, werden wir davon auf unterschiedlichen Ebenen unseres Seins angesprochen, je nach Intensität, Frequenz und Dichte des jeweiligen Lichts. Licht entsteht und strahlt aus unterschiedlichen mystischen, spirituellen, astralen, mentalen, emotionalen und physischen Dimensionen. Wir nehmen Licht nur auf jener Dimension wahr, auf der es entsteht; und doch wirkt Licht auch immer auf alle darunterliegenden Dimensionen! Wir kennen völlig immaterielles Bewusstseinslicht, Sonnenlicht, elektrisches Licht, Kerzenlicht usw. Alles materielle Licht wirft einen Schatten; das Licht der Seele, das wir zum Beispiel in der Meditation im Inneren wahrnehmen (oder auch im Traum), wirft keinen Schatten! Materielles Licht kann seelische Räume nicht erhellen, aber unsere Seele anregen, ihr eigenes Licht zu suchen und zu finden. Spirituelles Licht aus höheren Bewusstseinsebenen wird zwar – im Regelfall – nicht vom physischen Auge wahrgenommen, seine feinen Schwingungen wirken aber harmonisierend auf unseren gesamten Organismus und auf unsere psychosomatische Befindlichkeit. Licht folgt dem schöpferischen Gesetz, dass das Höhere das Niedere positiv beeinflussen kann, auch wenn das Niedere das Höhere nicht erkennt. Und umgekehrt zieht die Bemühung um Entwicklung auf niederen Ebenen und mit niederen Mitteln wie ein Magnet höhere Kräfte an, die sich dann mittelbar oder unmittelbar manifestieren.

Farben sind Teilaspekte des schöpferischen Urlichts. Lichtfarben sind wirksamer als Pigmentfarben. Farben entstehen, weil stoffliche Moleküle – man könnte auch sagen, verdichtete Energie – manche Frequenzen des Urlichts absorbieren und andere reflektieren. Farben sind ein inzwischen gar nicht mehr so geheimer Schlüssel: zu unserer Gesundheit, zu unserem Seelenleben, zu unseren karmischen Aufgaben und zu unserem Lebensschicksal. Farben enthalten Botschaften und Informationen für uns.

Dieses Buch soll Ihnen helfen, die Botschaften von Licht und Farbe zu deuten. Farben sind Botschaften von der Seele und an die Seele!

2. Lichtkräfte aus der Erde

Ich möchte Ihnen noch einige Hinweise auf transformierte Licht- und Lebenskräfte aus der Erde geben bzw. in Erinnerung rufen. Ohne Licht gäbe es keine Konzentration von Kräften in und aus der Erde, wie sie sich durch Pflanzen, Mineralien, Steine, Kristalle und Edelsteine, aber auch Heilerde etc. zum Ausdruck bringt. Im Mittelpunkt stehen an dieser Stelle also nicht Erdstrahlen, Wasseradern, Ley Lines, elektromagnetische Felder, kosmische Kräfte etc., sondern jene Kräfte, die direkt und unmittelbar aus der stofflichen Erde erwachsen und durch Mineralien und Pflanzen transformiert und für den Menschen nutzbar werden. Sie entstehen durch die Einwirkung von Licht auf die Erde!

Zu den Lichtkräften aus der Erde gehören:

- alle natürlichen Wasser der Erde mit ihren vielfältigen lichten Heilkräften (gerade klares Wasser wirkt durch seine Transparenz als ideales Medium für Sonnenlicht und dessen Kraft);
- Mineralien, Edelsteine und Kristalle sowie die daraus gewonnenen Elixiere und homöopathisch potenzierten Heilmittel;
- Pflanzen, Wurzeln und Blüten sowie deren Heilmittelzubereitungen;
- die emotionalen Wirkungen von Mineralien, Edelsteinen, Kristallen, Pflanzen und Blüten;
- Moore, Salz- und Mineralbäder und dergleichen mehr. Auch sie strahlen konzentrierte und transformierte Lichtkraft aus und werden so zu heilsamen Orten der Kraft.

Die jeweilige Charakteristik der Kräfte muss natürlich einzeln festgestellt und mit den therapeutischen Anzeigen abgestimmt werden.

3. Auf dem Weg in das goldene Zeitalter

Wenn wir uns der Lichtkräfte in uns und in der ganzen Schöpfung bewusst werden, stärken wir diese Lichtkräfte. Damit werden wir selbst lichter, und unser Leben ebenso wie das anderer Lichtgeschöpfe wird lichter, d. h. leichter. Wir werden schnell entdecken, spüren, fühlen oder sogar sehen, welche Farben vorherrschen, welche fehlen, welche uns helfen und welche blockieren. Wir werden Farben als Freunde der Seele schätzen lernen und durch Farben kommunizieren. Wir werden den Regenbogen schöpferischer, kosmischer und göttlicher Farben durch uns und unser Leben auf unserem Heimatplaneten Erde leuchten lassen. Dieser Regenbogen wird uns und andere Menschen an seinem Ende zum sprichwörtlichen Topf mit Gold führen, also zum weiß-golden gleißenden Urlicht des bewussten Seins, aus dem wir kommen, das uns belebt und mit dem wir eines Tages wieder ganz verschmelzen. Lichte Farben werden uns helfen, Lebensprobleme klarer zu sehen und zu lösen, sie trösten uns, tragen uns. Sie werden zu Strahlen der Hoffnung, der Liebe und des ewigen Lebens! Wir werden das neue Zeitalter, das »goldene Zeitalter«, nur hervorbringen, wenn wir uns auf alles Lichte im Menschen, im Leben und in der Schöpfung ausrichten. Und wer sonst als wir selbst sollte dafür verantwortlich sein, wieder sanftes, tröstendes und liebevolles Licht in das chaotische Dunkel einer zerrissenen und vielfach zerstörten Erde zu bringen?

Licht wirkt vielfältig: symbolisch, mythisch, geistig, spirituell, psychisch und körperlich. Wer einmal miterleben durfte, wie durch Blaubestrahlung zum Beispiel Brandwunden gelindert oder Tumore geschrumpft wurden, wer Menschen begegnen durfte, die Lichtgestalten sogar mit offenen Augen sahen, wer das Licht in den Augen Sterbender sehen durfte, die vom inneren Licht ergriffen wurden, der weiß, welche natürlichen und übernatürlichen Kräfte Licht ausüben kann.

III.

Aura und Chakras

1. Die Aura

Unsere Gefühle, Empfindungen und Gedanken drücken sich auf mannigfaltige Weise aus: durch Worte, Handlungen, körperliche Reaktionen – wie z. B. Hautröte oder Schwitzen –, aber auch durch feine elektromagnetische und sogar rein spirituelle Schwingungen. Diese Schwingungen sind für manche medial begabte Menschen mit den Händen spürbar – als Wärme oder prickelnde »elektrische« Energie –, für andere als farbiges Licht. Diese Energiestrahlungen und -felder können aber auch mit bestimmten Hilfsmitteln sichtbar und meßbar gemacht werden. Das sowjetische Ehepaar Kirlian entdeckte und entwickelte eine besondere Form der Hochfrequenzfotografie, die inzwischen in der Medizin, vor allem in Naturheilpraxen, aber auch an großen Krankenhäusern in den USA, sowie in der Psychologie eingesetzt wird. Mittels Kirlianfotografie lässt sich optisch nachweisen, dass jeder Mensch einen Energiegenerator darstellt, der ein Schwingungsfeld erzeugt.

Körperliche ebenso wie psychische und geistig-seelische Veränderungen im Menschen machen sich in diesem optisch nachweisbaren Schwingungsfeld bemerkbar. Es besteht eine Wechselwirkung zwischen dem Gesamtzustand von Körper, Geist und Seele des Menschen einerseits und seinem Schwingungsfeld andererseits. Seelische Verletzungen, psychische Belastungen und körperliche Schwächen machen sich erst im Schwingungsfeld eines Menschen bemerkbar, bevor sie sich als Depressionen, Ermüdung und organische Krankheiten sehr viel greifbarer manifestieren. Allerdings reagiert das Schwingungsfeld auch auf äußere Einflüsse, auf radioaktive und elektromagnetische Strahlungen und geopathische Störfelder, Schwingungsfelder anderer Menschen etc. und kann auch dadurch in seiner natürlichen Harmonie gestört werden. Dies führt dann wiederum zu Rückschlägen auf den Gesamtzustand des betroffenen Menschen.

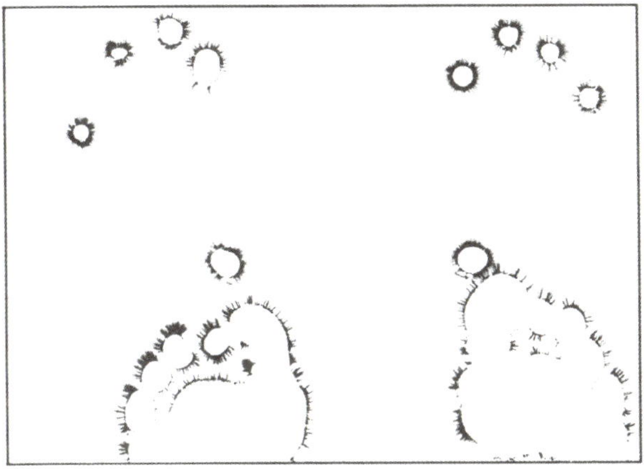

Kirlianfotos zeigen eine menschliche Energieabstrahlung

Dieses Schwingungsfeld hat verschiedene Namen erhalten, der bekannteste Name ist *Aura*. Die Energien der Aura heißen »Od« nach Freiherr von Reichenbach, »Orgon« nach Wilhelm Reich, »Heliod« nach Huter, »Prana« bei den Asiaten und »Bio-Plasma« oder »Bio-Photonen«

bzw. »bioelektrische Schwingung« unter den mehr wissenschaftlich orientierten Forschern. Die Aura ist eine Art Brücke zwischen der dreidimensionalen Welt der Materie und den geistigen Energien, welche die Materie schaffen und beleben. Das menschliche Energiefeld der Aura ist letztlich die Manifestation einer universalen, kosmischen, göttlichen Energie, die durch uns wirkt. Denn wir Menschen stellen die sichtbare Verbindung dar zwischen den grobstofflichsten Ausdrucksformen der irdischen Schöpfung und den feinstofflichsten bzw. rein geistigen Dimensionen der ursprünglichen Schöpferkräfte. Und wie es in den irdischen Welten eine unterschiedliche »Dichte« von Energie gibt – von Gedanken und Gefühlen über Licht und Klang zur dreidimensionalen Materie –, so existieren auch in den feinen Schwingungsfeldern der Aura unterschiedliche »Schichten«. Die menschliche Aura besteht sozusagen aus mehreren »Hüllen«:

1. Die erste Schicht zeigt die vitale Grundenergie des Menschen an. Diese Schicht umhüllt den ganzen Körper mehr oder weniger gleichmäßig und ist je nach Gesamtzustand zwischen etwa einem halben und drei Zentimetern »dick«. Man kann diese Aurahülle relativ einfach wahrnehmen, über die Hände, mittels Kirlianfotografie und medial auch als Licht, Farbe und vibrierende Energie; im vierten Kapitel gehe ich darauf näher ein.
   Man kann diese erste Schicht nun noch einmal unterteilen in die Abstrahlung des bioelektrischen Spannungsfelds (das unmittelbar mit der Stoffwechselphysiologie zusammenhängt und nur einige Millimeter dick ist) und das Aurafeld der Lebensenergie, welches das bioelektrische Spannungsfeld einschließt, aber darüber hinaus vor allem die Grundsubstanz der Vitalität und die »Quantität« der »Pranakräfte« anzeigt.
2. In der zweiten Hülle bildet sich der Seelenzustand des Menschen ab. Diese zweite Schicht liegt nun nicht

etwa einfach über der ersten, sondern durchdringt sie vielmehr. Sie beginnt ebenfalls direkt am physischen Körper, durchstrahlt die Aurahülle der vitalen Grundenergie und reicht – je nach Mensch, Bewusstseinsentwicklung und Lebenssituation – mindestens 30 Zentimeter über den Körper hinaus, kann aber auch mehrere Meter weit ausstrahlen. Sie haben sicherlich schon die Erfahrung gemacht, dass Sie von einem Ihnen fremden Menschen, der sich bei einer Party mit im Raum befindet, über viele Meter hin angezogen (oder abgestoßen) wurden. Ich durfte 1989 in Bad Nauheim beim Besuch des großen Mystikers und Meditationslehrers Sant Darshan Singh miterleben, wie dieser spirituelle Meister mit seiner Aura seelisch erhebender Lichtkräfte über 50 Meter weit bis in die letzten Reihen des Publikums zu jedem Menschen strahlte. Manche Menschen, und dazu gehöre ich auch, erleben diese zweite Auraschicht noch unterteilt. Auch diese Aurahülle kann man als Licht sehen oder als Energiestrahlung empfinden, oder mit Kirlianfotografie, aber auch mit Pendel, Wünschelrute oder anderen radiästhetischen und radionischen Hilfsmitteln aufspüren.

3. Es gibt auch eine »Astral-Aura«, die in östlichen Religionsphilosophien die »strahlende Hülle« oder »Guru-Dev«, also die Lichtgestalt der Seele genannt wird. In der »Autobiographie eines Yogi« von Yogananda berichtet dieser über »Babaji« und andere Meister, die in einer solchen immateriellen Lichtgestalt an verschiedenen Orten auf wunderbare Weise erscheinen. Ich selbst durfte in vielen Meditationen den Lichtgestalten aufgestiegener Meister und Meisterinnen begegnen, so unter anderem der Mariengestalt und Hazur Sawan Singh.

Farben und Funktionen der Aura

Die Aura des Menschen wechselt ihre Farben je nach Energiesituation und Schwingungszustand des Betreffenden. Wenn man über die Farben der Aura spricht, ist es sinnvoll, zwischen den zwei Hauptschichten zu unterscheiden.

Die körperliche Aura, welche den Menschen mehr oder weniger homogen und relativ »eng anliegend« umschließt, wird meist als weißlich, silbrig und/oder bläulich gesehen; bei Menschen mit einer geschwächten Grundenergie auch als grau. Wer die Aura nicht sieht, sondern energetisch fühlt, empfindet diese Schicht wie einen weichen, aber doch festen unsichtbaren Widerstand, wenn man mit der Handfläche dicht über die Haut spürt. Recht viele Menschen können diese Aura wahrnehmen.

Die seelische Aura weist völlig unterschiedliche Farben und Schattierungen auf, die je nach Körperzone und Chakraaktivität bereichsweise auch unterschiedlich sein können. Sie kann praktisch alle Farben des Regenbogens annehmen. Sie kann sich auch von Tag zu Tag oder entsprechend der seelischen Entwicklung verändern. Belastungen gesundheitlicher Natur zeigen sich ebenfalls an, oft übrigens nicht so sehr durch Farben als durch Verformungen der Aura oder sogenannte Lecks in der Aura, durch welche Energie »abfließt« oder »abgesogen« wird. Ich gehe später auf die Bedeutung der Farben der Seele ein. Bislang haben noch nicht viele Menschen die eigentlich uns allen angeborene Fähigkeit entfaltet, die seelische Aura zu sehen. Mit diesem Buch möchte ich Ihnen dabei helfen.

2. Die Chakras

In der Ganzheit unseres Wesens von Körper, Geist und Seele und damit auch in unserem Schwingungsfeld, in unserer Aura, gibt es nun »Verdichtungen« oder »Kraftzentren«, an denen sich Energien konzentrieren, um durch ihre Ausstrahlung von dort aus bestimmte Funktionen unseres körperlichen und seelischen Organismus zu aktivieren bzw. zu harmonisieren. Diese Kraftzentren werden oft Chakras genannt.

Sie stehen in spezieller Beziehung zu unserem Drüsensystem und zu unserer Bewusstseinsentwicklung. Chakras sind »Transformatoren«, die für einen belebenden Energieaustausch zwischen Kosmos und Körper sowie zwischen Umwelt und Individuum sorgen. Man kann die Kräfte der Chakras wahrnehmen als Farben, als Energiewirbel, als Wärme oder Kühle, als »elektrische« Spannung bzw. als »magnetischen« Sog. Es gibt »Positiv«- und »Negativ«-Kräfte der Chakras (manche spüren dies als Polaritäten ohne jede Bewertung, sozusagen als Drehrichtung der Energiewirbel, andere sehen hier positive oder negative Wirkungen; darauf gehe ich im fünften Kapitel ein.) Chakras sind kreis- oder spiralförmige Pole, durch die Kräfte fließen. Obwohl sie nicht im physischen Körper direkt angesiedelt sind, erlebt man sie doch häufig in einem konkreten Bezug zum Körper, die meisten in Bezug auf Abschnitte bzw. Punkte in der Senkrechten der Wirbelsäule und des Kopfes.

Der Unterschied zwischen der Aura und den Chakras ist:

- Die *AURA* ist ein mehr oder weniger homogenes Schwingungsfeld um den ganzen Menschen herum.
- Die *CHAKRAS* sind besondere Energiekonzentrationen an wichtigen »Schaltstellen« von Körper, Geist und Seele.

Welche Farben sie charakterisieren, welche Funktionen sie ausüben und wie sie zusammenwirken, wird in den nächsten Kapiteln behandelt.

Farben und Funktionen der Chakras

Aufgrund meiner persönlichen Erfahrungen und durch die Arbeit mit Patientinnen und Patienten in meiner homöopathischen Naturheilpraxis bin ich zu der Erkenntnis gelangt, dass es zwölf (!) wichtige Kraftzentren im Menschen gibt (die ich der Einfachheit halber jetzt immer Chakras nenne, obwohl Hara und Scheitelzentrum keine typischen Chakrafunktionen ausüben; außerhalb des Menschen gelegene Kraftzentren, zum Beispiel mehrere astrale Chakras über dem Kopf, fallen nicht in diese Abhandlung). Diese zwölf Chakras spielen für unsere körperliche und seelische Gesundheit, für unser Gefühlsleben, für Intuition, Kreativität, Problemlösungspotenzial, Heilfähigkeiten, Meditationen und spirituelle Selbstverwirklichung eine entscheidende Rolle.

Ihr Zusammenwirken ist sehr komplex. Wenn ein Chakra sehr viel stärker oder schwächer als das andere »arbeitet« bzw. strahlt, dann führt das zu einer Disharmonie im Gesamtsystem. Es kann Energieblockaden geben, oder ein Chakra kann auch isoliert von den anderen und damit störend wirken. Manche mediale Menschen, die Auras sehen – wie zum Beispiel Lea Sanders (ihr Buch ist im Anhang erwähnt) –, erklären, dass die Drehrichtung der Chakraenergien über Positiv- oder Negativpolung entscheidet. Ich möchte Ihnen zunächst einmal in Form einer Tabelle eine erste grobe Übersicht über die zwölf wichtigen Kraftzentren geben.

Harmoniefarbe ist die Hauptfarbe des jeweiligen Chakras im natürlichen, harmonischen Zustand. Heilfarben sind jene, mit denen sich unausgeglichene, geschwächte oder überreizte Chakrafunktionen wieder auf natürliche Weise ausgleichen lassen. Mehr dazu im dritten Kapitel.

Die fünf klassischen Elemente werden in der indischen Religionsphilosophie übrigens so zugeordnet (nach Rajinder Singh):

Erde:	Basischakra
Wasser:	Sexualchakra
Feuer:	Nabelchakra (heißt auch Sonnengeflecht)
Luft:	Herzchakra
Äther:	Kehlkopfchakra

Die Zuordnung nach Elementen ließe sich auch auf die anderen Chakras bzw. Kraftzentren ausdehnen, wobei man dann zu Kombinationen von Elementen käme. Wir arbeiten heutzutage weniger mit der Elementelehre, als dies in früheren Zeiten üblich war. Ich glaube, dass psychologische und spirituelle Bezüge für uns im Allgemeinen hilfreicher sind.

Namen (Drüsen)	**Funktionen**	**Harmonie-farben**	**Heilfarben**
Basischakra Erde	Potenzial der Lebens-energie, Grundvitalität, Lebenswille	Glutrot, Scharlach-rot	Bei Unterfunktion: Tiefrot, Magenta Bei Überfunktion: Türkis, Blau
Sexualchakra Keimdrüsen	Schöpferkraft, Sexualität	Zinnober-rot, Orangerot	Bei Unterfunktion: Orange Bei Überfunktion: (Indigo-)Blau
Hara	Physischer Schwerpunkt, »Energietor«, Gleich-gewichtspunkt	Grün	Bei körperlichem und seelischem Un-gleichgewicht bzw. Energieschwäche: Orange
Milzchakra	Sammlung und Verteilung von Sonnen- und Lebensenergie	Violett	Gelb und Violett
Nabelchakra Solarplexus	Ich-Kraft, Verdauung, Emotional-körper, Astralkräfte	Gelb	Bei Unterfunktion: Gelb, Orange, Rot Bei Unterfunktion: Grün
Herzchakra	Überpersönliche Kräfte, Liebe, Blutkreislauf, Auflösung	Grün, Rosa	Bei Unterfunktion: Magenta Bei Überfunktion: Blau, Grün

Namen (Drüsen)	Funktionen	Harmonie-farben	Heilfarben
Thymus-chakra Thymusdrüse	Ausdruckskraft für überpersönliche Gefühle, Immunsystem	Lemon	Bei Unterfunktion: Lemon (Gelb-Grün)
Kehlkopf-chakra Schilddrüse	Kommunikationsfähigkeit, schöpferischer Selbstausdruck	Türkis	Bei Unterfunktion: Orange Bei Überfunktion: Blau
Handchakras	Sammlung und Austausch von Heilenergien	Irisierend	Zur Anregung: Weiß, Magenta Bei Überempfindlichkeit: Blau, Grün
Augenchakra Drittes Auge Hypophyse	Sitz der Seele, Konzentration und Meditation, Bewusstsein vom Selbst, spirituelle Sehfähigkeit	Indigoblau	Bei Unterfunktion: Indigo, Grün Bei Gefahr der isolierten Überbetonung: Orange
Scheitel-chakra Lotos Epiphyse	Öffnung für höhere Dimensionen, Verbindung zum Kosmos	Heiligen-schein	Zur Öffnung: Violett, Weißgold oder Magenta Zur Beruhigung: Grün

3. Zusammenwirken von Aura und Chakras

Wir können unterteilen zwischen dem einzelnen Menschen als Energiefeld mit Chakras und Aura und der Erde als Gesamtheit, die ebenfalls über eine Aura und Chakras verfügt. Viele von Ihnen werden sich vielleicht erinnern, dass Sie sich schon kurz vor dem Beginn des Kriegs in Irak und Kuwait unwohl gefühlt haben, wie benommen, elend, mit Kopfschmerzen und allen möglichen anderen Symptomen. Alle Menschen, besonders die intuitiv und medial begabten, nehmen unwillkürlich alles mit auf, was in der Aura der Erde vor sich geht – manche leiden darunter! Spirituell entwickelte Seelen nehmen auch Erdbeben oder andere Katastrophen auf diese Weise wahr. Die »Chakras der Erde« sind übrigens jene – manchmal wechselnden – Orte der Kraft, die mehr und mehr in das Bewusstsein des Menschen rücken.

Aura, Chakras und höhere Seelendimensionen nennt man manchmal auch »Lichtkörper«, ein Begriff, den ich sehr anschaulich finde. Menschen haben einen individuellen »Lichtkörper« – der Lichtkörper der Erde wird von den Lichtkörpern aller Lebewesen und ihren Gedanken, Gefühlen und Handlungen, die bekanntlich ja auch Schwingungen erzeugen, gebildet.

Die Chakras dienen nun als »Schaltstellen«, »Transformatoren«, »Regelkreise« zwischen höheren geistigen Ebenen und dem materiellen Körper, während die Aura die Gesamtheit des Zustands des Lichtkörpers spiegelt. Die Aura schwingt in den Frequenzen und Farben, die dem seelischen Zustand, der Aktivität der Chakras und dem daraus folgenden (!) körperlichen Zustand entsprechen. Die Chakras nehmen geistige, seelische und spirituelle Impulse sowie Bewusstseinskräfte (und unter bestimmten Umständen auch äußere Stimuli) auf, um sie zur Verwirklichung des Lebenssinns und zur Bewusstseinsentfaltung auf allen Ebenen nutzbar zu machen. Chakras dienen also als »Energiesammel- und Verteilungsstellen« für den Lichtkörper. Die Aura bildet den Gesamtzustand des Lichtkörpers in Farbschwingungen ab, die übrigens gleichzeitig auch eine Art Schutzhülle darstellen können. In Harmonie oder Disharmonie der Tätigkeit der Chakras und in Ganzheitlichkeit oder Zerrissenheit der Aura zeigen sich seelische und körperliche Krankheiten, lange bevor sie sich im Körper materiell manifestieren. Darin liegt ja der Sinn der ganzheitlichen, naturheilkundlichen und spirituellen Heilung, dass wir Disharmonien frühzeitig erkennen und behandeln können, bevor sie materiell verfestigt sind. Die Farben und Formen bzw. Verformungen sowie die Schwingungsfrequenz und manchmal auch die Drehrichtung der Energien sind die wichtigsten Schlüssel, um auf sanfte, »non-invasive« (nicht eingreifende, einschneidende, einstechende) Weise über die Aura und Chakras Einblicke über den Gesundheitszustand des Menschen zu gewinnen und ihm helfen zu können. Farben sind wichtige Signale in Bezug auf Abweichungen, Aufgaben und Krankheiten, wenn man sie immer wieder auf den »Standard« des Urlichts bezieht.

IV.

Welche Farben braucht die Seele?

Die Farben, die unsere Seele braucht, hängen von der Energietätigkeit unserer Chakras ab. Wenn wir in vollkommenem Einklang mit der göttlichen Ordnung und in der Harmonie der Schöpfung sind, brauchen wir keine Farben mehr, dann ist unsere Aura weiß oder weiß-golden. Es ist ein langer Weg bis dahin. In der Zwischenzeit sollten wir wissen und nutzen, was uns weiter zu diesem Ziel verhilft. Ich möchte Ihnen an dieser Stelle eine Übersicht zur Bedeutung der Farben allgemein geben. Dabei nenne ich emotionale und geistige Qualitäten von Farben sowie Entsprechungen von Farben zu Gefühls- und Gedankenschwingungen. Ein späterer Abschnitt behandelt die gebräuchlichsten Farben in der Farbtherapie und die konkreten Heilanwendungen für die Bestrahlung. Eine dritte Übersicht geht auf Farben ein, die spirituell speziell wirksam sind. In der Chakratabelle haben Sie bereits eine Zuordnung von Farben und Kraftzentren kennengelernt. Die Übersichten zu den Farben sind also nach ihren Anwendungsschwerpunkten gegliedert. Unsere Farbuhr (siehe S. 110) gibt einen guten Überblick über Beziehungen zwischen den einzelnen Farben.

- Die Primärfarben sind Grün, Rot und Violett, sie sind durch ein gleichschenkliges Dreieck im Farbstern verbunden.
- Die Sekundärfarben sind Gelb, Blau und Magenta.
- Die weiteren genannten Farben entstehen als Zwischenfarben zu diesen Hauptfarben.
- Die linke Hälfte der Farbuhr umfasst die »warmen« Farben oder »Yang-Farben«, die rechte Hälfte die »kühlen« Farben oder »Yin-Farben«. Grün und Magenta sind »neutral« oder ausgewogen.

Offensichtlich besteht die Yin-Yang-Polarität zwischen Dunkel-Hell und den jeweiligen Komplementärfarben sowie die Harmonie des »Davidssterns« zwischen Grün, Rot und Violett bzw. Gelb, Blau und Magenta. Weitere Beziehungsmuster zwischen den Farben finden Sie im Buch *Die richtige Schwingung heilt* in den Abschnitten über Farbtherapie. Bekanntlich kann man eine Fülle unterschiedlicher Beziehungsmuster erforschen. Nur oberflächlich betrachtet scheinen sich manche zu widersprechen bzw. gegensätzliche Aussagen nahezulegen. In Wirklichkeit kommt es immer auf den Gesichtspunkt des Betrachters und seine Bewusstseinsentwicklung an.

1. Zur allgemeinen Bedeutung der wichtigsten Farben

Rot

Rot ist die wärmste Farbe, Scharlachrot ist die kräftigste Farbe. Rot bedeutet körperliches Leben. Rot ist die Farbe unseres Blutes. Rot gilt im Volksmund als Farbe der Liebe.

Rot ist gut

- für mehr Vitalität und Aktivität
- um den Körper zu stärken und mehr körperliche Kraft für das Selbstwertgefühl zu haben
- für mehr Erfolg in Erotik und Sexualität
- zur Stärkung der Liebeskräfte
- wenn uns Veränderungen bevorstehen
- wenn wir als Heiler arbeiten, um genügend Kraft zur Verfügung zu haben
- für alles, was vermehrt Energie braucht.

Zu viel *Rot*

- macht aggressiv, kämpferisch, streitlustig und ärgerlich
- macht schlaflos und kann zu Verstopfung führen
- überreizt den Organismus, fördert Entzündungsprozesse
- macht in vielerlei Beziehung gierig oder süchtig.

Orange

Orange ist die tatkräftigste Farbe. Orange bedeutet Expansion und Extrovertiertheit. Orange hat Signalwirkung. Es steht für warme, offene Heiterkeit. Orange ist die wichtigste Heilfarbe bei Melancholie.

Orange ist gut

- um die seelische Kraft zu haben, das Selbstwertgefühl zu stärken
- wenn wir Entscheidungen fällen sollen
- um eine neue Stellung zu übernehmen
- um ein neues Haus zu bauen
- für ein Gesellschaftsleben, in dem wir viele Außenkontakte pflegen
- zur Stärkung des Reaktionsvermögens
- für mehr Lebendigkeit
- um die Lust am Lernen zu fördern.

Zu viel *Orange*

- kann das Verlangen nach Essen und Sexualität übersteigern
- führt zu Verwirrung und Ziellosigkeit
- ergibt übersteigerte Besitzwünsche.

Gelb

Gelb ist heiter und hell. Es steht für einen wachen Verstand und die Fähigkeit zur Analyse sowie für Kommunikation, Beweglichkeit und Austausch. Gelb ist auch die Farbe des reifen Korns und der Reife schlechthin.

Gelb ist gut

- für Mut, Wissen und Intellekt
- wenn man auf der Suche nach der Wahrheit ist
- um Gedanken zu ordnen und sich besser konzentrieren zu können
- zur Klärung geistiger Zusammenhänge
- für Pädagogen und Eltern, um Gedankengänge anderer Menschen zu stimulieren
- zur Stärkung der mentalen Kreativität.

Zu viel *Gelb*

- fördert Tendenzen zu Neid und Eifersucht
- führt zur Neigung, mehr aufnehmen zu wollen, als man verarbeiten kann
- übersteigert Wünsche nach Anerkennung.

Lemon

Lemon ist Gelb-Grün, die Farbe einer reifen Limone. Lemon regt die Thymusdrüse an und wirkt damit auch positiv auf das Immunsystem. Lemon ist die Heilfarbe, um chronische Beschwerden zu lösen. Geistig betrachtet, löst Lemon Blockaden und hilft, Stagnation zu überwinden – es bewegt etwas.

Lemon ist gut

- für das Wachstum
- für ein vitales Gefühlsleben
- für die Erweiterung des Ich-Gefühls
- für sanfte, verständnisvolle Gefühle
- um mehr Glücksgefühle empfangen und empfinden zu können
- für mehr Geduld und Ausdauer.

Zu viel *Lemon*

- kann den Organismus und den Emotionalkörper überlasten oder überreizen aufgrund der dadurch bewirkten zu starken Ausscheidungs- bzw. Ablösungsvorgänge.

Grün

Grün ist die ausgleichendste und beruhigendste Farbe. Grün bedeutet irdisches Wachstum und steht für die struktur- und substanzgebenden Kräfte der Natur. Grün symbolisiert Hoffnung und Zufriedenheit. Es ist die wichtigste Heilfarbe.

Grün ist gut
- für die Seele der Erde, gerade in einer zunehmend technisierten Welt
- als Schutz gegen unerwünschte Einflüsse von außen, sei es von anderen Menschen oder aus anderen Dimensionen
- zur geistigen und psychosomatischen Neutralisierung angesichts von Problemen (u. a. in Bezug auf sexuellen Austausch ohne Liebe)
- zur seelischen Ausgewogenheit
- um zerstreute Energien zu sammeln und zu harmonisieren, vor allem bei Erschöpfung.

Zu viel *Grün*
- kann die Empfindungsfähigkeit und Herzensliebe abdämpfen
- führt unter Umständen zur Übersteigerung materieller Interessen
- kann zur »Neutralisierung« nicht gelöster Gefühlsprobleme führen, die dann immer wieder in anderer Form auftauchen.

Türkis

Türkis ist eine erfrischende und kühlende Farbe. Türkis gilt als Farbe des klaren schöpferischen Ausdrucks und der Gestaltungskraft. Türkis symbolisiert (neben Weiß) die Wahrheit.

Türkis ist gut
- um Verstand und Gefühle in Einklang zu bringen
- um das Wahrnehmungsvermögen zu klären und zu stärken
- um schnell und folgerichtig logische Zusammenhänge zu erkennen
- um ein schöpferisches Ausdrucksvermögen zu fördern
- um die sprachliche Mitteilungsfähigkeit der Seele zu unterstützen
- um sich zu beruhigen.

Zu viel *Türkis*
- führt eventuell zu einer großen inneren Distanz zum Leben
- kann die Kommunikationsfähigkeit »auf Eis« legen.

Blau

Blau (als Indigoblau) ist die kühlste, reinste und tiefste Farbe. Blau entspricht Reserviertheit und Introvertiertheit. Blau steht für das Überbewusste und für seelische Tiefe. Blau symbolisiert Treue.

Blau ist gut

- um sich auf die innere Stimme und die innere Wahrnehmung besser konzentrieren zu können
- um die eventuell vorhandene Gabe des »zweiten Gesichts« zu unterstützen
- um sich in charakterlicher Rechtschaffenheit zu üben und seelische Reinheit zu fördern
- wenn wir gerechter sein wollen
- zur Verstärkung des Energieflusses zwischen Bewusstsein und Unter- bzw. Überbewusstsein
- um zu lernen, sich innerlich und äußerlich zu distanzieren
- um sich stark zu beruhigen.

Zu viel *Blau*

- fördert irdischen Realitätsverlust
- verlangsamt und behindert möglicherweise die Gedankentätigkeit
- kann Albträume bewirken.

Violett

Violett ist eine stark künstlerische und metaphysische Farbe. Violett ist auch die Farbe von Alchemie und Magie. Violett ist die Farbe mit der kürzesten, d. h. höchsten Wellenfrequenz im sichtbaren Lichtspektrum. Sie gilt als Farbe der kosmischen Energie, der Inspiration und spirituellen Erfahrung.

Violett ist gut

- für die Reinigung und damit Heilung auf der körperlichen, der emotionalen und der mentalen Ebene (analog Crab Apple bei den Bachblüten)
- um nach einer Reinigung (auch nach einer Fastenkur oder spirituellen Workshops) alle Körper- und Aurahüllen in harmonischen Einklang zu bringen
- um neue Wege zur Spiritualität zu finden und unsere spirituelle Intuition bzw. Öffnung nach oben zu fördern.

Zu viel *Violett*

- kann geistige und spirituelle Verwirrung bewirken
- kann zu Depressionen und Lebensentfremdung führen.

Rosa

Rosa ist die Farbe der Herzensliebe und hilft dem Herzen, den Gefühlen Ausdruck zu verleihen. Rosa verbindet die Reinheit von Weiß mit der Kraft von Rot. Rosa ist die Farbe der Nächstenliebe. Rosa ist die »höhere Oktave« von Rot – hier werden die instinkthaften Triebkräfte transformiert.

Rosa ist gut
- wenn wir Lärm und Menschenansammlungen als schmerzhaft bzw. aufdringlich empfinden
- wenn wir einfühlsamer und liebevoller sein wollen
- wenn wir mehr Nächstenliebe und Fürsorglichkeit entwickeln wollen
- wenn wir einem Partner mehr Herzenswärme geben wollen.

Zu viel *Rosa*
- unterstützt bereits vorhandene Neigungen zu Schwärmerei und Gefühlsseligkeit.

Magenta

Magenta ist sowohl Yin wie Yang. Es ist die Farbe, die spirituell und physisch hoch wirksam ist. Spirituell wirkt sie vor allem auf astralen Ebenen und damit auf die Chakras und die Aura, also den Lichtkörper. Magenta öffnet und gleicht disharmonische Schwingungen wieder aus. Physisch wirkt Magenta wie ein Notfallmittel, das allerdings gezielt eingesetzt werden muss.

Magenta ist gut

- um bereits vorhandene mediale und übersinnliche Energien zu verstärken (nicht also, um diese Kräfte erst zu entwickeln; siehe Blau)
- um in Notfällen schnell und wirksam helfen zu können (etwa analog dem Notfallmittel der Bachblüten; siehe siebtes Kapitel, Heilen mit Farben)
- um emotionale Ausbrüche auszugleichen.

Zu viel *Magenta*

- kann allgemein überreizen, sowohl körperlich wie emotional und sogar spirituell.

Braun

Braun ist die Farbe der Erde und damit der irdischen Geborgenheit. Die braune Erde dient als Boden, in dem sich schöpferische Kräfte entfalten können. Braun ist die Farbe der Anpassung und Einordnung. Heilmoor und Heilerde sind braun, aber auch unser Stuhl. Braun hat mit dem Austausch mit der Erde zu tun.

*Braun** ist gut

- wenn man sich fest verankern möchte
- wenn man irdische Geborgenheit sucht
- zum Schutz
- wenn man eine »Auszeit« in zu stürmischen Entwicklungszeiten braucht.

Zu viel *Braun*

- behindert die seelisch-spirituelle Entfaltung
- hemmt die psychosomatische Entwicklung.

* Diese Farbe besitzt keinerlei positive Schwingung, wenn sie in der Aura oder in den Chakras auftaucht. Siehe die Beschreibungen dort

Grau

Grau ist die indifferenteste Farbe. Grau scheint neutral zu sein, ist in Wirklichkeit aber nichtssagend bzw. vom Leben abgewandt.

*Grau** ist gut
- um nicht aufzufallen
- um einen unerwünschten Energieaustausch zu vermeiden.

Zu viel *Grau*
- bewirkt die Schwächung des Selbstwerts
- führt zu einer sorgenvollen, ängstlichen Lebenseinstellung.

* Diese Farbe besitzt keinerlei positive Schwingung, wenn sie in der Aura oder in den Chakras auftaucht. Siehe die Beschreibungen dort

Schwarz

Schwarz ist Dunkelheit. Schwarz absorbiert alle Farben. Schwarz bedeutet (vorübergehenden) Lebensstillstand.

Schwarz ist gut
- um Energien anzuziehen und zu absorbieren, ohne selbst Energien abzugeben
- um sich von allen Einflüssen – fremden, äußeren und eigenen, inneren – vorübergehend völlig abzuschirmen
- wenn man unter extremen Erschöpfungszuständen und psychosomatischer Überreizung leidet, um wirklich zeitweise völlig abschalten zu können.

Zu viel *Schwarz*
- zieht negative Schwingungen und Einflüsse an
- führt zur Lebensverneinung, zum Chaos und zur Zerstörung.

Weiß

Weiß ist Klarheit, Reinheit und Erleuchtung. Weiß beinhaltet alle Farben. Weiß steht für Unschuld, Wahrheit und Unberührtheit von der Welt. Weiß taucht oft in der fortgeschrittenen Meditation auf. Weiß steht symbolisch für den Weg und die Bemühung um Vollkommenheit.

Weiß ist gut
- zur Klärung und für das Streben nach Vollkommenheit
- um sich dem Lichte zu öffnen und mehr Licht aufzunehmen
- um Licht auszustrahlen
- zur allgemeinen Heilung.

Zu viel *Weiß*
- kann zu heftigen Reaktionen und Überreizungen aufgrund von zu heftigen Klärungsprozessen führen
- in der Kleidung kann möglicherweise Ausdruck einer übersteigerten spirituellen Selbstdarstellung sein.

Kristalle und vor allem Diamanten nehmen Sonnenlicht und andere Schwingungen auf unnachahmliche und intensive Weise auf und strahlen sie ab. Hier gewinnt Weiß als reiches Lichtspektrum eine ganz besondere Qualität.

Silber

Silber ist (wie Gold) eines der wichtigsten edlen Metalle. Silber als Lichtfarbe gibt es nicht. Irisierendes Licht wie Sonnenreflektionen von Perlmutt kämen Silber am nächsten. Mondlicht, das sich im Wasser spiegelt, wird als silbriges Licht empfunden. In diesem Zusammenhang taucht als Entsprechung oft der Begriff Sehnsucht auf. Sonnenstrahlen, die von geputztem Silberschmuck (Silber neigt – anders als Gold – dazu, »schwarz« zu werden, wenn man es nicht pflegt) reflektiert werden, vermitteln Gefühle von blitzender, klarer Kraft. Menschen mit Vorliebe zu Silberschmuck tendieren dazu, gefühlsmäßig eher vorsichtiger, überlegter und distanzierter zu sein als Menschen, die Goldschmuck bevorzugen.

Silber ist gut
- als Ausdruck eines innerlich distanziert-überlegenen Selbstwertgefühls
- zur Anregung der Öffnung für mediale Fähigkeiten
- um eine lebhafte Rede zu fördern
- als Symbol der Mondkraft und der Zyklen des Mondes
- um Energien abzuleiten.

Zu viel *Silber*
- kann Allergien verursachen
- kann zu Redseligkeit und Verlust der Wahrheitsnähe führen.

Gold

Praktisch alle Menschen sehnen sich nach Gold – als edlem Metall, als Schmuck, als Sicherheit, als Sonnenwärme, als Lebenszuversicht, als Symbol göttlicher Kräfte der Güte und Barmherzigkeit, der Heilung von Leiden und der spirituellen Erleuchtung und Erlösung.

Gold ist gut

- um Lebenskräfte und Selbstwert zu stärken
- um ein Gefühl für unzerstörbare Werte zu entwickeln
- um spirituelle Entwicklungen zu fördern
- um sich für kosmische, göttliche Bereiche zu öffnen.

Zu viel *Gold*

- kann Lebensunsicherheit verdecken
- kann bedeuten, dass man versucht, die Sehnsucht nach Vollkommenheit im Materiellen zu verwirklichen.

Diese Stichworte sollen Ihnen einen Eindruck von den wesentlichen Energien der jeweiligen Farben vermitteln. Natürlich ließe sich diese Aufstellung von Entsprechungen noch sehr viel länger fortsetzen. Sie werden sicherlich auch eine ganze Reihe von Assoziationen und intuitiven Einsichten erfahren, wenn Sie sich auf die genannten Impulse der Farben einlassen. Die Begriffe entwickeln eine Eigendynamik, die es Ihnen möglich macht, ganz eigene Empfindungen und Bewertungen von Farben für Ihre Seele zu erspüren.

Unabhängig von der konkreten Farbtherapie und Farbbestrahlung (siehe siebtes Kapitel) und der spirituellen Entwicklung (siehe sechstes Kapitel), können wir die Schwingungen der Farben und ihre oben angesprochenen Qualitäten auf vielfältige Weise und in vielen Bereichen nutzen:

- Kleidung, Bettwäsche
- Nahrungsmittel, Getränke
- Inneneinrichtung, Wandfarben, Bilder, Beleuchtungskörper
- Autofarben außen und innen
- Wahl von Urlaubsorten in bestimmten Landschaften mit vorherrschenden Farben
- Schmuck, Edelsteine, Kristalle
- Blumen
- Meditationsfarben.

2. *Die Farben der Aura*

Die Farben der Aura sagen etwas über die Wesenszüge, die geistige Orientierung, über vorherrschende Gedanken und Gefühle sowie über den Gesundheitszustand jetzt und in der näheren Zukunft aus. Wieder stelle ich Ihnen wesentliche Qualitäten vor – erschöpfend lässt sich dieses Thema im Rahmen eines Handbuchs natürlich nicht behandeln.
Aurasichtige sehen übrigens nicht nur Aurafarben, sondern können auch erkennen, ob andere Energien in der Aura eines Menschen wirken. Ich habe das passiv selbst erlebt, als eine mediale Frau in Los Angeles meine Aura »lesen« wollte. Sie berichtete erstaunt, dass sich plötzlich eine weiße Schutzhülle über mich gelegt habe, die ihr jeden weiteren Blick verwehrte.
Die Farbangaben beziehen sich auf die zweite, weiter über die Haut hinausreichende Aurahülle, die den Seelenzustand angibt – nicht auf jene den Körper relativ eng umschließende Auraschicht, die unsere vitale Grundenergie anzeigt. Diese weist normalerweise eine weißliche oder bläuliche und manchmal auch lavendelfarbene Tönung auf.

Grün

in der Aura bedeutet

- Selbstvertrauen
- soziale Unabhängigkeit
- gut entwickelte Fähigkeit zu Problemlösungen
- verzeihen zu können
- in Harmonie mit der Mitte zu sein
- friedliebend zu sein
- Anerkennung der schöpferischen Ordnung
- Verantwortungsbereitschaft für größere Zusammenhänge
- Sensitivität.

Wenn zu viel *Grün* in der Aura vorhanden ist, bedeutet dies

- Unsicherheit
- Neigung zu Machthunger und Machtmissbrauch
- Tendenz, andere kontrollieren oder manipulieren zu wollen
- zu versuchen, über Krankheiten von anderen Menschen Liebe zu bekommen.

Orange

in der Aura bedeutet
- geben und nehmen zu können
- gefühlvoll zu sein
- Wünsche zu hegen
- leidenschaftliche Liebesfähigkeit
- dass aufgrund neuer Ideen Bewegung und Veränderung bevorstehen, mit denen man sich gerade auseinandersetzt
- dass Gesundheit und Familie eine wichtige Rolle spielen
- Fähigkeit zur Nachgiebigkeit und Duldsamkeit
- Gabe zur harmonischen Zusammenarbeit mit anderen.

Zu viel *Orange* in der Aura weist darauf hin
- dass man dazu neigt, träge zu sein
- dass man eventuell überzogene Besitzansprüche hat
- dass man zum übermäßigen Gebrauch von Genussmitteln neigt.

Gelb

in der Aura bedeutet

- starken Willen
- Autorität und Persönlichkeitskraft
- Beherrschung von Gefühlen und Wünschen
- strahlende Wärme und Offenheit
- Lebensfreude
- Selbstkontrolle und Transformation.

Zu viel *Gelb* heißt

- Neigung, mehr Aufgaben und Arbeiten zu übernehmen, als man leisten kann
- Überbewertung von Leistung, Durchsetzungskraft und Anerkennung.

Türkis

in der Aura weist hin auf

- Ausdruckskraft und Kreativität in Sprache, Kunst und Kommunikation
- gutes Zusammenwirken von Wissen, Darstellungsfähigkeit und Weitergabe an andere Menschen
- tiefgehendes und reaktionsschnelles Wahrnehmungsvermögen und Gabe zur raschen Kombination und schnellen Erfassung komplexer Zusammenhänge.

Wenn zu viel *Türkis* in der Aura vorhanden ist, bedeutet das

- eventuell Ignoranz (gepaart mit Arroganz)
- Sprach- und Kommunikationsschwierigkeiten
- fehlgeleitete Interpretation von Wissenselementen.

Blau

in der Aura heißt

- Fähigkeit, durch eigene geistige Kräfte zu heilen
- dass man auf andere wohltuend und beruhigend wirkt
- hohe Lebensideale
- Ehrlichkeit
- Gabe magischer Kräfte.

Wenn das *Blau* nicht homogen und klar, sondern »fleckig« ist, weist das auf eine Neigung hin, magische Kräfte zur Schau zu stellen.

Indigoblau

in der Aura bedeutet
- tiefes Wissen
- Rechtschaffenheit, Ehrlichkeit
- Selbstlosigkeit
- magische Kräfte
- mediale Fähigkeiten, z. B. Dinge oder Ereignisse in Bezug auf andere Menschen zu »sehen«, auch wenn diese an einem anderen Ort sind
- neutrale Urteilsfähigkeit
- persönlichen Mut
- dass diese Menschen wohltuend und heilend auf andere wirken
- dass die oben genannten Funktionen und Gaben unmittelbar im Zusammenhang mit der Entwicklung des »dritten Auges« bzw. des Augenbrauenchakras wirken.

Zu viel *Indigo* heißt
- mangelhafte Konzentration auf die irdische Realität
- mögliche Neigung zu Kopfschmerzen und Alpträumen
- eventuell Augenbeschwerden
- Verlangsamung der Gedankentätigkeit.

Violett

Allgemein gilt: Je mehr Violett in einem Blauton der Aura vorhanden ist, desto weiter ist die Seele auf dem Weg zur Reinheit und Vervollkommnung entwickelt.

in der Aura weist hin auf
- gut entwickelte Spiritualität
- kreative Inspirationen
- Verständnis für höhere Bewusstseinsebenen
- Einklang des Lebens mit der kosmischen Ordnung
- die Fähigkeit, persönliches Leiden ins Positive für das eigene Schicksal umzuwandeln.

Violett in der Aura ist die Vorstufe zu Weiß und Gold. Sri Aurobindo nennt *Violett* das »Licht des göttlichen Erbarmens und der Gnade«.

Rot

Man nimmt in der Aura von Menschen recht differenzierte Rottöne wahr – z. B. Rot, Scharlachrot, Magentarot, Purpurrot.

in der Aura bedeutet

- Betonung materieller Lebensführung
- Erfolgsstreben durch vollen Einsatz persönlicher, vor allem körperlicher Kräfte
- dass man »instinktiv« viel Kraft aus der Erde ziehen kann
- körperlich stabile Gesundheit
- Neigung zu Reizbarkeit und Übellaunigkeit.

Zu viel *Rot* heißt

- durch starke Triebkräfte beherrscht zu werden, die den Menschen auch zu Aggressionen, Brutalität und Gewalttätigkeiten führen können
- hoher Blutdruck
- eventuell Verspannungen in der Wirbelsäule
- destruktive Lebenshaltung.

Scharlachrot

in der Aura sieht man oft bei Kindern und Jugendlichen als Zeichen des Wachstums. Diese Farbe weist in der Aura Heranwachsender auf normale, natürliche Entwicklungskräfte hin. Falls Scharlachrot über einen längeren Zeitraum bei jungen Menschen fehlen sollte, wäre dies ein Signal für mangelhaft entwickelte Wachstumskräfte. Bei Erwachsenen bedeutet

Scharlachrot in der Aura

- extreme Triebkräfte und starkes sexuelles Verlangen
- sehr hohen Blutdruck
- eventuell Wut (vor allem darüber, dass man in sexuell-erotischer Hinsicht nicht akzeptiert oder nicht verstanden wird/wurde)
- gefährlich aufgestaute bzw. blockierte Energien.

Magenta

in der Aura heißt

- dass man mit Energien noch nicht richtig umgehen kann, obwohl man Energien für andere einsetzen möchte
- wenn es bei Heilern auftaucht, dass diese ungewollt noch Persönlichkeitskräfte einsetzen und noch nicht genug Kanal für höhere Kräfte sind.

Zu viel *Magenta* bedeutet

- ein Warnsignal, dass die eigenen Energiereserven stark erschöpft sind und man möglicherweise kurz vor einem Zusammenbruch steht. Man muss in diesem Fall also unbedingt neue Kräfte »tanken« – zum Beispiel an einem »Ort der Kraft« in der Natur verweilen, einen Baum längere Zeit umarmen, Sonnenlicht aufnehmen oder meditieren.

Purpur

heißt
- Nächstenliebe
- Gerechtigkeitssinn
- mediale Veranlagung und Gaben
- eventuell Neigung zur Inanspruchnahme einer sozialen Sonderstellung aufgrund dieser Fähigkeiten.

Zu viel *Purpur* heißt
- Stolz oder Eitelkeit.

Rosa

in der Aura weist hin auf
- Herzenswärme
- selbstlose Nächstenliebe
- Opferbereitschaft
- Fürsorglichkeit
- Mitgefühl
- Sanftmütigkeit
- Empfindsamkeit für die Schwingungen anderer Menschen (deshalb auch oft Neigung zu Kopfschmerz etc., wenn man sich unter vielen Menschen befindet).

Zu viel *Rosa* heißt
- Gefühlsschwärmerei bis hin zur Sentimentalität
- Neigung, alles durch die berühmte rosa Brille zu sehen.

Weiß-Gold

in der Aura ist meist vermischt mit anderen zarten Pastellfarben. Meister höchster Ordnung werden oft in einer strahlend weißen oder goldenen Aura gesehen. Weiß bedeutet Reinheit, Selbstlosigkeit, Vollkommenheit.

Eine reingoldene Aura ist genauso selten wie eine reinweiße.
Gold in der Aura bedeutet das Licht der Wahrheit und das Licht vom höheren, göttlichen Bewusstsein.

Lemon

in der Aura weist hin auf Eigensinn und Egoismus. Der Verstand beherrscht die Gefühle. Gefühle werden auch berechnend eingesetzt. Das Missverhältnis zwischen Verstand und Gefühlen kann unter Umständen auch zu psychischen Belastungen und Störungen führen.

Braun

als ganzheitliche Ausstrahlung in der Aura ist sehr selten. Häufiger sind braune Flecken in einer ansonsten andersfarbigen Aura. Man muss unterscheiden zwischen Hell- und Dunkelbraun. Hellbraun bedeutet eine Verunreinigung der Aura und damit natürlich auch anderer Persönlichkeitsebenen. Zur Reinigung empfiehlt sich die Farbbestrahlung mit Violett als Ganzkörperbestrahlung oder am Scheitelchakra sowie die Farbmeditation mit Violett (siehe Seite 89).
Hellbraun weist hin auf »Bauernschläue« – man passt sich an eine Situation an bzw. übernimmt eine Rolle, die eigentlich nicht der eigenen Persönlichkeit entspricht. Körperlich gesehen ist Hellbraun ein Warnsignal für eine mangelhafte Nierentätigkeit – also mehr klares Quellwasser trinken oder Kräutertees.
Dunkelbraun bedeutet Geiz und allgemeines Festhalten an »Eigenem« (auch geistig) sowie körperlich ein Zeichen für Darm- und Verdauungs- bzw. Ausscheidungsprobleme. Das charakterliche und spirituelle Wachstum ist vorübergehend blockiert – es besteht eine Neigung zur Starrheit.

Braune, graue und schwarze Flecken in der Aura sind häufig ein Zeichen für Drogen- und Medikamentengifte.

Grau

in der Aura bedeutet

- Ängstlichkeit und Furchtsamkeit
- mangelhaftes Selbstwertgefühl
- mangelhaften Mut, für die eigene Meinung einzustehen und sie auszudrücken sowie eventuell auch Widerspruch anzumelden
- Neigung zu Asthma
- dass Kummer und Sorgen freies Durchatmen unmöglich machen.

Schwarz

in der Aura tritt nie als ganze Fläche auf, sondern nur als Flecken.

- bedeutet Chaos (Punker, Anarchos, Drogensüchtige)
- zeigt eine Neigung zu Boshaftigkeit an
- signalisiert Zerstörungswillen aufgrund von innerer Lebensverneinung
- bedeutet, dass man sich selbst vor dem schöpferischen Licht und der göttlichen Ordnung versteckt bzw. sich davon abschneidet.

Silber

kommt in der Aura in zwei Formen vor: als helles, irisierendes Silberweiß, das über dem Kopf, also über dem Kronen-Chakra, flimmert; und um den Körper als dunkleres Silber.

- Das hell-irisierende Silberweiß, das wie eine Krone wirkt, sieht man bei spirituell hochentwickelten Menschen. Es ist Zeichen einer weitgehenden Öffnung für kosmische Kräfte.
- Das dunklere Silber um den Körper heißt, dass eine Neigung besteht, die Wahrheit nicht anzunehmen, wie sie ist, und sie nach eigenem Gutdünken für eigene Zwecke darzustellen.

Sri Aurobindo spricht in seinem Buch »Der integrale Yoga« auch von diamantenem Licht, das »aus dem Herzen des göttlichen Bewusstseins hervorbricht und die Öffnung zum göttlichen Bewusstsein« bewirkt.

3. *Die Farben der Chakras*

Auf den Seiten 30 und 31 haben Sie eine Übersicht zu den wichtigsten Harmoniefarben und Heilfarben der Kraftzentren und Chakras gesehen. Ich möchte jetzt näher auf die Farben der Chakras eingehen. Im berühmten Buch des westlichen Chakraforschers und Bewusstseinspioniers C. W. Leadbeater, *Die Chakras*, aus dem Jahre 1927 weist dieser Autor darauf hin, dass die Chakras normalerweise Energiewirbel sind, in denen eine ganze Reihe unterschiedlicher Farben vorkommen, wobei manche dominieren. Auch Lea Sanders, die Autorin von *Die Farben Deiner Aura* aus Santa Fe, sieht die Chakras als Energiewirbel, allerdings mit einer jeweils ganz stark vorherrschenden Farbe, nicht mit einem so »bunten« Farbgemisch wie Leadbeater.

Nach meiner persönlichen Erfahrung ähneln Chakras Wagenrädern mit unterschiedlich vielen Speichen. Die Segmente zwischen den Speichen sehen oft aus wie Blütenblätter. Diese Räder scheinen sich zu drehen. Lea Sanders beschreibt das so, dass in Wirklichkeit die Energie wie in einer Spirale hindurchfließt. Je schneller die Energie strömt bzw. je schneller sich die Räder drehen, desto klarer und leuchtender arbeitet und wirkt das Chakra. Einheitliche Auffassungen zur Drehrichtung gibt es nicht, sondern eher widersprüchliche Meinungen. Nach meiner Erfahrung und Interpretation sollte man nicht zwischen »positiver« und »negativer« Drehrichtung unterscheiden, sondern sich die jeweilige Funktion einer Drehrichtung vor Augen halten.

Wenn sich die Chakraenergien im Uhrzeigersinn drehen, so nimmt man kosmische Energien auf, um sie durch Körper, Geist und Seele im irdischen Leben anzuwenden und zu verwirklichen. Wenn sich die Chakraenergien gegen den Uhrzeigersinn drehen, so sammelt man feine und feinste Kräfte, um das Bewusstsein auf nicht-irdische Dimensionen zu konzentrieren.

Man kann die Vorgänge in den Chakras vereinfacht folgendermaßen beschreiben: Durch die Mitte des Rads oder der Blüte fließt kosmische, göttliche Energie in die Ganzheit unseres Wesens, das ja mehr als nur der Körper ist. Diese Energie wird über die Radsegmente bzw. Blütenblätter transformiert, handhabbar gemacht, um nun ihre segensreiche und für unser Leben notwendige Wirkung zu entfalten. Über die äußeren, »offenen« Ränder der Segmente bzw. Blütenblätter fließt die transformierte Energie in unsere Körper – den Lichtkörper, den Emotionalkörper und den physischen Körper. Vielleicht hilft der Vergleich mit einer Glühbirne in gewisser Weise: Über die Mitte der Glühbirne fließt elektrischer Strom, den wir unmittelbar ja gar nicht wahrnehmen können, außer durch einen womöglich tödlichen Stromschlag. Die Glühbirne transformiert die elektrische Energie in eine uns sichtbare und sehr nützliche Energieform, in Licht. Auf ähnliche Weise transformieren die Chakras kosmische Energie und machen sie für Körper, Geist und Seele verfügbar.

Alle Energien schwingen, sie haben bestimmte Frequenzen. Dementsprechend schwingen auch die Chakras. Die Wellenlängen der transformierten kosmischen Energie entsprechen den Frequenzen von astralen bzw. ätherischen Lichtfarben – das ist der Grund, warum sensitive und mediale Menschen, die Zugang zu diesen höheren Bereichen haben, Chakras auch regelrecht sehen können. Obwohl potentiell alle Chakras irisierend strahlen – also fast alle Lichtfarben widerspiegeln –, sind die Segmente der Wagenräder meist pastellfarben getönt. Die Energiestrahlung der Chakras erzeugt dabei das Bild einer geöffneten Blüte. Die Segmente oder Blütenblätter eines Chakras haben normalerweise nicht alle dieselbe Färbung, sondern zeigen oft Nuancen, allerdings einer einheitlichen Grundfarbe.

Die Chakras von Menschen mit einem höher entwickelten Bewusstsein – aufgrund einer liebevollen Lebensführung, eines gütigen Charakters, einer religiösen Lebenshaltung oder vertiefter Meditation – strahlen heller und klarer, weil die Fließgeschwindigkeit der sich drehenden Energie höher ist. Jede Handlung, jedes Gefühl, jeder Gedanke braucht Energie, aber bewirkt auch eine eigene Energieabstrahlung. Positive Handlungen, Gefühle und Gedanken bewirken positive Schwingungen (und gute Gesundheit) – und negative natürlich ebensolche negative Frequenzen. Negative Frequenzen schlagen sich in der Farbe der Chakras (und auch in der Aura) als gröbere, dunklere und »langsamere« Lichtfarben nieder. Statt eines weichen, in sich homogenen Lichtschimmers treten also Flecken auf, »zerreißen« die Segmente oder Blütenblätter immer wieder bzw. fransen stark aus, nehmen schmutzig-dunkle Färbungen an oder tendieren zu den langsamer schwingenden Farben in Richtung Rot.

Während uns also immer »gleich gute« kosmische Energie über die Zentren der Chakras zuströmt, wirkt unsere Persönlichkeit wie ein mehr oder minder durchlässiger Filter oder, wenn man so will, als Verursacher von »Beimischungen« zur reinen kosmischen und göttlichen Energie.

Die Grundschwingungen der wichtigsten Chakras bilden zusammen das Aurafeld. Unsere Aufgabe für dieses menschliche Leben, das wir aufgrund günstiger Umstände erhalten haben, besteht darin, ein transparenter Kanal für die kosmischen und göttlichen Kräfte zu werden, die alles beleben – auch uns selbst. Dabei brauchen wir Gott sei Dank unsere Persönlichkeit nicht zu verleugnen, sondern können sie annehmen und lebendig so ausgestalten, wie sich persönliche Wünsche und überpersönliche, soziale und planetarische Aufgaben am besten vereinbaren lassen.

In der Chakratabelle auf den Seiten 30 und 31 haben Sie eine erste Übersicht über die Kraftzentren und ihre Harmonie- bzw. Heilfarben gewonnen. Es ist natürlich interessant zu wissen, welche Bedeutung es hat, wenn Chakras nicht in der natürlichen Harmoniefarbe strahlen, sondern anders. Die folgenden Hinweise sollen Ihnen eine Hilfe sein, sich darüber ein Urteil zu bilden.

1. *Das Basis- oder Wurzelchakra* ist der Sitz unserer Lebensvitalität. Es steht in Beziehung zum gesamten Rückgrat, also der Wirbelsäule und dem darin verlaufenden Hauptnervenstrang, der bekanntlich am unteren Ende des Steißbeins – dem Entsprechungsort für das Basischakra in der Körpergeographie – endet. Die Nieren gehören ebenfalls energetisch zum Basischakra.
   Nach der indischen Yogaphilosophie ist das Wurzelchakra der Sitz der »Kundalini-Kraft« oder Prana-Lebenskraft. Wenn man diese manchmal auch Schlangenkraft genannte Energie aktiviert und die Wirbelsäule emporsteigen lässt, so kann man zahlreiche Bewusstseinserfahrungen machen, bis hin zu ekstatischen Erleuchtungserlebnissen. Diese Methode der Bewusstseinserweiterung ist allerdings sehr umstritten, weil sie ein vollkommen reines und gesundes Leben und eine erfahrene Führung erfordert. Sonst kann sie zu schlimmen körperlichen und psychischen Belastungen führen. Darüber hinaus machen etliche indische Meister, z. B. Sant Darshan Singh und Rajinder Singh, darauf aufmerksam, dass man mit dieser Methode unnötige Risiken eingehe, obwohl uns der Weg in kosmische Dimensionen über das »dritte Auge« bzw. Augenbrauenchakra als natürlicher Weg offenstehe.
   Im Normalfall, wenn der Lebens- und Überlebenswille natürlich entwickelt ist, wird das erste Chakra rot, tiefrot, glutrot, scharlachrot oder ähnlich leuchten. Wenn das Basischakra schmutzigrot bzw. braunrot oder schwarzrot ist, so befindet sich der betreffende Mensch in einer Lebenssituation, in der er seinen Willen brutal, ungerechtfertigt und unmenschlich so zum Schaden anderer Menschen einsetzt, dass er sogar ihren Tod kalt in Kauf nimmt oder gar beabsichtigt.
   Wenn das Basischakra dagegen hellrot ist, so nimmt der betreffende Mensch das irdische Leben nicht so wichtig, wie es dieser seltenen Chance zur seelischen Entwick-

lung zukommt. Es herrscht dann ein Mangel an (Über-) Lebenswille.
Bei (der seltenen) Überfunktion des Wurzelchakras helfen die Heilfarben Türkis und Blau, evtl. auch Grün.
Bei Unterfunktion setzt man Tiefrot (= Scharlachrot und Magenta) ein. Es käme eine direkte Bestrahlung von Kreuzbein und Steißbein infrage, also am unteren Teil der Wirbelsäule.

2. *Das Sexualchakra* ist das ätherische Energiesteuerungssystem für die Geschlechtsorgane einschließlich der Keimdrüsen sowie der Ausscheidungs- und Reinigungsorgane. Schöpferische, regenerative, kreative und reproduktive Kräfte gehören zu diesem Energiezentrum.
Orangerot, auch Zinnoberrot, ist die Harmoniefarbe dieses Zentrums. Wenn das Sexualchakra (es heißt manchmal auch »Sakralchakra«) dunkelrot bzw. tiefrot oder »schmutzigrot« ist, wie von einem Beige- oder Grauschleier verhangen, missbraucht dieser Mensch seine schöpferischen Kräfte. Er wird mehr von instinkthaften, vielleicht sogar animalischen Trieben beherrscht, anstatt dieses Energiezentrum seelisch-spirituell bewusst einzusetzen. Wenn das Sexualzentrum nur schwach orange ist oder sogar gelblich (manchmal kommt auch Blau dort vor!), heißt das, dass der Mensch – aus welchen Gründen auch immer – nicht (mehr) in Verbindung mit seinen urtümlichen schöpferischen und auch lebensbejahenden, sinnhaft-sinnlichen Kräften steht. Es könnte auch sein, dass organische Probleme in Bezug auf die Geschlechtsorgane, die Gebärmutter oder die Blase vorliegen bzw. eine beginnende Schwäche dort sich bereits in der Farbe des Chakras abzeichnet.
Bei Überfunktion empfiehlt es sich, mit Indigoblau vorn und mit Magenta hinten zu bestrahlen.
Bei Unterfunktion bestrahlt man mit Orange und Magenta vorn und mit Magenta hinten. Die Bestrahlung er-

folgt vorn in der Mitte der Schamhaargrenze und hinten am Kreuzbein in der Zone, die dem Punkt vorn genau gegenüberliegt.

3. *Das Hara-Zentrum* ist bekanntlich kein klassisches »Chakra«, also kein »Transformator« im Energiekörper des Menschen für kosmische Kräfte, die in den Organismus eingespeist werden. Das Hara-Zentrum ist vielmehr eine Art innerer Schwerpunkt für die Kräfte im Menschen. Wenn man dort verankert ist, zum Beispiel durch bewusste Atmung aus diesem Zentrum heraus, kann man über sehr viel stärkere Energien verfügen als ohne diese Verankerung. Das Hara heißt manchmal auch »Erdmitte«. Die Harmoniefarbe ist Grün.
   Bei Unterfunktion ist Orange angezeigt; bei Unterfunktion aufgrund von seelischer Disharmonie Magenta.

4. *Das Milzchakra* ist mit der Sammlung und Verteilung von Sonnenenergien beschäftigt. Die Milz ist das größte Lymphorgan im Körper und fungiert als »Friedhof« für alte rote Blutkörperchen. Wenn die Farbe des Milzchakras »verschmutzt« ist, kommen drei Ursachen in Frage: die Belastung des Organismus durch Giftstoffe, Drogen und Medikamente bzw. geopathische oder elektromagnetische Störzonen; Missbrauch medialer Kräfte; magische Beeinflussung von außen.
   Die Harmoniefarbe ist Violett.
   Zur Anregung und Stimulierung dient Violett; zur Dämpfung Gelb.

5. *Das Nabelchakra* wird auch »Sonnengeflecht« und »Solarplexus« genannt. Es gilt als Sitz des Emotionalkörpers, also des persönlichen Ichs, des Egos. Damit verbunden sind Magen, Leber, Galle und vor allem die Bauchspeicheldrüse und unser Nervensystem. In der Körpergeographie hängen der zwölfte Brustwirbel und der erste

Lendenwirbel mit dem Nabelchakra zusammen, die Nebennieren und natürlich die Zone über dem Bauchnabel, in der man das berühmte nervöse Gefühl spürt.
Wenn das Nabelchakra orange oder sogar rot schimmert, ist das ein Warnzeichen, dass der betreffende Mensch seinen Ichwillen rücksichtslos einsetzt bzw. von starken niederen Trieben beherrscht wird. Unter Umständen müssen auch eine falsche Ernährung, Drogen, Medikamentenmissbrauch und eine Überbelastung des Organismus durch Giftstoffe in Betracht gezogen werden. Wenn Grau mit in der Chakrafarbe vorhanden ist, belasten große Sorgen diesen Menschen. Bei Braun liegt ein Signal vor, dass der Körper und die Psyche dringend der Reinigung bedürfen. Eine Blautönung lässt auf eine weitgehende emotionale Distanzierung zum Alltagsleben schließen.
Die Harmoniefarbe ist Gelb.
Bei Überfunktion – also zu starker Ich-Betonung oder zu starker Öffnung für Astralkräfte, Magie und ähnliches – ist Grün die Heilfarbe.
Bei Unterfunktion sind Gelb, Orange bzw. Rot die Heilfarben. Es werden der Magen sowie Leber und Bauchspeicheldrüse bestrahlt.

6. *Das Herzchakra* sitzt in der Mitte des Brustraums, nicht links! Hier ist in der Körperentsprechung der Sitz der überpersönlichen, selbstlosen Liebe und des Wunsches, mit der großen Schöpfungseinheit zu verschmelzen. Aber auch die Beendigung des irdischen Lebens, die »Auflösung« und der Blutkreislauf sind mit dem Herzzentrum verbunden. In Beziehung dazu stehen der vierte und fünfte Brustwirbel.
Das Herzchakra kann nicht mit »falschen Farben« besetzt werden, weil es sich ja auf überpersönliche Bewusstseinsebenen bezieht. Wenn ein Mensch für diese Ebenen (noch) nicht offen ist, so wird dieses Chakra

einfach (noch) nicht aktiv sein oder nur schwach grün oder rosa scheinen. Grün herrscht vor bei natürlicher Warmherzigkeit, Vertrauen in das Leben und Humanismus ohne religiöse Färbung; Rosa, wenn das Mitgefühl für andere Menschen und Nächstenliebe mit frommen Idealen verbunden werden.
Harmoniefarben sind Grün und Rosa. Bei Überfunktion sind Blau, Grün bzw. Türkis die Heilfarben, um Sentimentalitäten zu »erden«; bei Unterfunktion öffnet Magenta für überpersönliche Bewusstseinsebenen. Man strahlt auf die Mitte des Brustbeins.

7. *Das Thymuschakra* wird manchmal entweder zum Herzchakra gezählt oder zum Kehlkopfchakra. Nach meiner Einschätzung ist die Bedeutung dieses Zentrums und der entsprechenden Drüse, der Thymusdrüse, aber so wichtig, dass ihm ein eigener Platz eingeräumt werden sollte. Umso mehr, als dieses Zentrum auch in der Naturheilpraxis wesentlich ist und sowohl auf Farbtherapie wie auch auf leichtes Klopfen mit den Fingerspitzen gut reagiert. Das Thymuschakra hat mit dem Selbstbewusstsein zu tun, mit unserer Ausdruckskraft für überpersönliche Gefühle, die im Herzzentrum entwickelt und erlebt werden, und mit unserem Abwehr- bzw. Immunsystem. Im Kindes- und Jugendalter fungiert die Thymusdrüse als Steuerungsorgan für das Wachstum.
Harmoniefarbe ist Lemon, also ein Gelbgrün. Bei Unterfunktion ist Lemon auch Heilfarbe. Man bestrahlt die Zone zwischen Herz- und Kehlkopfchakra.

8. *Das Kehlkopfchakra* entspricht der Schilddrüse. Hier ist der Sitz unserer Kommunikationsfähigkeit und des schöpferischen Selbstausdrucks, aber auch der Befähigung zur Muße! Mit dem Kehlkopfchakra hängen Hals, Speiseröhre und vor allem die Stimme zusammen. Der

erste Brustwirbel und der siebente Halswirbel beziehen sich auf das Kehlkopfchakra.
Harmoniefarbe ist Türkis.
Bei Überfunktion – wenn der Stoffwechsel, die Bewegungen, die Sprache etc. zu schnell sind – ist Indigoblau die Heilfarbe; bei Unterfunktion Orange. Es werden die Kehlkopfzone und die Schilddrüse bestrahlt.

9 und 10. *Die Energiezentren in den Handinnenflächen* gelten bei uns im Westen nicht als Chakras, während der Osten sie neben anderen als wichtige Nebenchakras kennt. Über die Handchakras erfolgen die Sammlung, die Aussendung und die Aufnahme von Heilenergien.
Wenn die Handchakras rötlich schimmern, ist das Ego deutlich mitbeteiligt – vielleicht unbewusst; bei Blau fließen Heilkräfte sozusagen unwillkürlich durch die Hände; bei »schmutzigem« Blau liegt es nahe, dass der Mensch mit den Heilkräften prahlt oder dabei ist, sie in ungünstiger Weise anzuwenden.
Harmoniefarbe ist im Idealfall ein irisierendes Licht, das alle Farben beinhaltet; sonst Blau. Zur Anregung dienen Weiß und Magenta; bei Überempfindlichkeit gegen Einflüsse von außen nimmt man Indigoblau und Grün. Man strahlt in die Mitte der Handflächen.

11. *Das Augenchakra heißt* auch »Augenbrauenchakra« und »Einzelauge« oder »drittes Auge«. Es steht in Verbindung zur Hypophyse, der Hauptsteuerungsdrüse für unser gesamtes »endokrines Drüsensystem«. Dieses Energiezentrum gilt in der Sant-Mat-Philosophie und anderen Meditationswegen als »Sitz der Seele« und als Tor, durch welches die Seele, wenn sie hier ihre Aufmerksamkeit konzentriert, den Körper in der Meditation (und beim Tode!) verlassen kann, um in höhere spirituelle Bewusstseinsebenen einzugehen. Hier wird das Bewusstsein vom Selbst manifest, hier erfahren wir

unsere geistige Sehfähigkeit – die Gabe, ohne die physischen Augen sehr wohl seelisch sehen und wahrnehmen zu können. Ich weise an dieser Stelle gern auf das Videogespräch von Rajinder Singh über dieses Chakra als wichtigsten »Ort der Kraft« im menschlichen Körper hin (siehe Anhang).

Die Harmoniefarbe ist Indigoblau. Ähnlich wie beim Herzchakra kann das Augenbrauenchakra nicht »missbraucht« werden. Es ist einfach weniger oder mehr entwickelt und strahlt schwächer oder stärker.

Falls man das Gefühl hat, zu sehr ins »Jenseits« gezogen zu werden, und dadurch »abhebt« von irdischer Verantwortung, kann man mit Orange diese »Überfunktion« wieder harmonisieren. Zur Stimulierung der Öffnung dieses Zentrums kann man gut Indigoblau verwenden. Zur mehr psychosomatischen Regulierung der Hypophysentätigkeit nimmt man Grün. Man strahlt an das dritte Auge.

12. *Das Scheitelchakra* heißt auch »Kronenchakra« oder »Tausendblättriger Lotos«. Es steht in Verbindung zur Zirbeldrüse, der Epiphyse. Dieses Zentrum ist nach Ansicht mancher Meditationsmeister kein »menschliches Chakra«, sondern bereits die erste Spiegelung astraler Regionen und Lichter. Es ist auf jeden Fall ein Tor, durch welches Energien aus höheren Reichen in uns einströmen können. Im Gegensatz zum Augenbrauenchakra kann man aber den Körper nicht willentlich bewusst und kontrolliert über dieses Zentrum verlassen, sondern lediglich Kräfte aufnehmen. Die Tonsuren mittelalterlicher Mönche und die Heiligenscheine mögen einen Grund in dieser beabsichtigten Öffnung für den göttlichen Kosmos gehabt haben. Juwelenbesetzte Kronen von Herrschern sind ein deutliches Symbol für diese Verbindung zu höheren Kräften. Bei höherentwickelten Menschen gibt es zwar vielleicht noch keinen ganzen

Heiligenschein, aber man sieht immerhin öfters ein Funkeln wie Licht, das aus vielen Facetten eines Diamanten hervorbricht.

Zur Unterstützung der Öffnung nach oben eignen sich Violett, Weiß, Gold oder Magenta – je nach den persönlichen Umständen. Man strahlt direkt oben auf die Mitte des Hauptes.

4. Harmonisierung und Aktivierung von Aura und Chakras

Wir kennen eine ganze Reihe von Möglichkeiten und Hilfsmitteln: Farbbestrahlung, Auswahl von Lebensmitteln und Getränken nach Farbgesichtspunkten, geistige Bemühungen um Persönlichkeitsausgleich und Meditation. Die wichtigsten möchte ich Ihnen hier nennen.

Die Harmonisierung und Aktivierung von Aura und Chakras ist kein spiritueller Selbstzweck, sondern dient dazu, dass wir und die Menschen in unserer Umwelt und sogar die ganze Schöpfung, deren wichtiger Teil wir sind, glücklicher und erfüllter leben und uns entsprechend dem großen kosmischen Schöpfungsplan entfalten können.

Neben der Farbbestrahlung von Chakras, bestimmten Körperzonen oder des ganzen Körpers ist Folgendes wichtig und hilfreich:

Persönlichkeitsentwicklung

- Lieben Sie sich selbst, nehmen Sie sich selbst an!
- Seien Sie wenigstens sich selbst gegenüber ehrlich.
- Versuchen Sie, liebevoll und mit Mitgefühl zu leben.
- Nehmen Sie alle Gelegenheiten wahr, anderen Menschen und Geschöpfen selbstlos zu helfen.
- Lernen Sie zu vergeben. Letztlich hat unser Schicksal mit uns selbst zu tun, nicht mit äußeren Mächten. Wir

ziehen mit der Ausstrahlung unserer Aura und mit der Tätigkeit unserer Chakras die Energien an, die unser Schicksal bestimmen.

- Fassen Sie sich ein Herz, so kreativ wie nur irgend möglich zu sein – singen Sie, schreiben Sie, malen Sie, diskutieren Sie, basteln oder bauen Sie etwas.

Gesundheit

- Trinken Sie viel klares, reines Quellwasser (ohne Kohlensäure).
- Essen Sie viel frische Früchte und Gemüse sowie frische Salate in Entsprechung zu den Farben jener Chakras, die Sie stärken wollen – also Rote Bete zur Stärkung der Vitalität des Basischakras, violette Pflaumen für die Milz, Limonensaft für die Thymusdrüse etc. (siehe Harmonie- und Heilfarben in der Chakratabelle auf den Seiten 30 und 31).
- Legen Sie ab und zu einen Fastentag ein, am besten einmal in der Woche.
- Bewegen Sie sich viel in der frischen Luft, und tanken Sie genug »Vollspektrumlicht« der Sonne auf – Ihr Organismus wird sich die am meisten benötigten Wellenlängen dann leicht selbst herausfiltern können.
- Atmen Sie bewusst ein und aus; üben Sie die Vollatmung, bei der Zwerchfell, Flanken und Brustkorb mit Luft gefüllt werden.

Spirituelle Entwicklung

- Meditieren Sie. Übungsvorschläge für eine Heilmeditation mit Violett und Gold sowie eine Chakrameditation finden Sie auf den Seiten 89 ff., 91 ff. und ab Seite 103.
- Inzwischen gibt es eine Anzahl von Vermutungen, welche Töne welchen Farben entsprechen. Töne haben niedrigere Frequenzen als Farben. Sie eignen sich zur Unterstützung, wenn Sie ein für sich passendes Entsprechungssystem gefunden haben.

Energielecks – unerwünschte Einflüsse auf Aura und Chakras

Zur Harmonisierung von Aura und Chakras gehört auch der Schutz vor Energieverlusten oder Energieveränderungen. Wie stellt man so etwas fest? Wenn Menschen sich, ohne sonstige psychosomatische Ursachen wie Überanstrengung oder Schicksalsschläge feststellen zu können, anhaltend schwach und matt fühlen, oder als ob sie »ausgesogen« werden, oder als ob eine dunkle Wolke um sie ist, dann handelt es sich meist entweder um Energielecks oder um unerwünschte metaphysische Einflüsse auf Aura und Chakras.

Dafür gibt es eine Vielzahl möglicher Gründe. Sehr viel öfter, als man denkt, handelt es sich um geopathische Störzonen und elektromagnetische Störfelder, die Aura und Chakras schwächen bzw. direkt angreifen. Man sollte entweder einen erfahrenen, seriösen Rutengänger um Rat bitten, ob Schlaf- und Arbeitsplatz verlegt werden müssen, oder es selbst mit Pendel oder Wünschelrute, vielleicht auch mit den Händen herausfinden. Türkisbestrahlung hilft auch, vor allem auf das Kehlkopfchakra.

Negative magische Kräfte von anderen Menschen oder Wesen oder ein eigener Missbrauch medialer Fähigkeiten sowie Missbrauch von Genussmitteln (Alkohol, Tabak) und Drogen (Medikamenten!, Rauschmitteln) führen ebenfalls zur »Punktierung« oder gar großflächigen Zerstörung der Aura und zur »Verschmutzung« von Chakras.

Die Bestrahlung mit Grün auf den Scheitel und den Solarplexus schützt vor äußeren magischen Kräften. Ergänzend dazu sollte man von den Bachblüten Walnut und/ oder Red Chestnut (wenn sich ein Verstorbener nicht lösen kann) nehmen. Besondere Gebete – zum Beispiel das Vaterunser oder ein Mariengebet –, Schutzmantras und Affirmationen helfen auch.

Die Züricher Heilerin Emma Zoller schlägt eine besondere Vorgehensweise vor, um angegriffene Energiezentren zu schließen. Man kann das nicht selbst machen, sondern braucht einen Partner dazu:

Schließen der Energiezentren

- Man fährt mit beiden Händen, mit den Handflächen nach unten, in der Aura von der Magengegend nach oben über den Kopf, Scheitel bis zum Genick und »streicht« die Aura »glatt«.
- Das Sonnengeflecht (der Solarplexus) muss separat geschlossen werden. Mit der rechten Hand streicht man über den Bauch nach oben, mit der linken Hand streicht man entlang der linken Körperseite nach oben. Dieses Streichen erfolgt im Kontakt zum Körper, also nicht mehr oberhalb der Hautgrenze nur in der Aura!
- Das Herzenergiezentrum wird geschlossen, indem man die rechte Hand auf das Herz legt und langsam zum Schultergelenk und dann weiter den Arm entlang bis hinunter zu den Fingern streicht. Das empfiehlt sich übrigens auch bei Atem- und Herzbeschwerden.
- Das Basis- oder Wurzelzentrum wird geschlossen, indem man beide Hände nebeneinander mit den Handflächen auf die Steißbeingegend legt und langsam über das Becken hinauf zu den Hüften streicht.

Die Schließung dieser Zentren ist nach Emma Zoller sehr wichtig, da es viele »Energie-Vampire« gibt, die – zum Teil unwissentlich und unwillentlich – die Kräfte anderer Personen beanspruchen.

Sie schlägt auch einen Schutzkreis vor. Dabei legt man zum Abschluss der Schließung der Energiezentren gedanklich die Hände ineinander, die linke in die rechte Hand, in die Erde UNTER die Füße.

Emma Zoller empfiehlt auch ein Gebet:

Göttliche Kraft, führe mich ins weiße Licht, schütze mich vor negativen Strahlen, vor negativen Einflüssen, vor negativen Personen, vor Krankheit, Überfall und Unfall. Ich danke Dir dafür.

5. Farbtherapie für Aura und Chakras

Man kann allgemein davon ausgehen, dass die Chakras und damit auch die Aura harmonisiert werden, wenn wir die Kraftzentren mit den Harmonie- bzw. Heilfarben bestrahlen, die in der Chakratabelle und in der Übersicht ab Seite 135 angegeben sind. Zur individuellen Harmonisierung und Aktivierung bedarf es einer intensiven persönlichen Beratung. Die Bestrahlung der Chakras erfolgt am besten über eine Farbakupunkturlampe oder eine kleine Farblampe, die keine intensive Wärme erzeugt (siehe Anhang).

Licht und Umwelt

Haben Sie schon einmal beobachtet, dass kleine Kinder am liebsten in Ecken, Nischen oder unter dem Tisch spielen? Sie wollen geschützt sein und meiden instinktiv grelles Licht. So wäre es gut, wenn Vorhänge, Kissen, Teppiche und Bettwäsche in sanften Farben ausgewählt würden. Kleine Kinder lieben freundliches Hellblau, Rosa oder Türkis, also Pastelltöne. Kinder verlieren in diesen Farben alte Ängste, und neue werden nicht so schnell wieder aufgebaut. Ungünstig wirken sich Orange oder Rot aus, sie treiben Kinder zu Überaktivität und Streitlust. Eine Unsitte in leider vielen Schulen besteht darin, die Räume beige-braun auszumalen. Die Kreativität der Kinder wird dadurch wesentlich gehemmt. Die Schulräume sollten besser zartgelb, rosa oder hellblau oder helltürkis gestrichen werden.

Jeder Mensch – ob Kind oder Erwachsener – braucht genügend Sonnenlicht. Jedes Lebewesen – ob Stein, Pflanze, Tier oder Mensch – braucht zur Wachstumsentwicklung und Entfaltung seiner schöpferischen Gaben Sonnenlicht, sonst geht es ein. Deshalb müssen wir darauf achten, möglichst täglich an der frischen Luft unter der Sonne zu sein. Auch die Luftmoleküle sind nämlich durch das Sonnenlicht energiegeladener als die gleiche Luft, die sich in einem geschlossenen Raum befindet. Der sprichwörtliche Sonnenhunger der Mitteleuropäer, die häufig unter lang anhaltendem Sonnenmangel und dichten Wolkendecken leiden, ist völlig verständlich. Notfalls, wenn Sie aus Geld- oder Zeitgründen wirklich noch nicht einmal im Urlaub in die Sonne kommen, empfehle ich, alle zehn Tage für etwa 20 Minuten unter eine Sonnenbank zu gehen.

In Wohnhäusern und vor allem in Büro- und Arbeitsräumen wirken sich getönte Glasscheiben leider sehr negativ aus. Nie haben die Menschen, die dort arbeiten, die Chance, die Sonne wirklich zu sehen und das notwendige Sonnenlicht über Augen und Haut aufzunehmen. Arbeitsunlust, Krankheit und Depressionen sind die Folge sowie ein überdurchschnittlicher Krankenstand. Die beste Lösung wäre, diese getönten Scheiben auszuwechseln. Inzwischen gibt es zur Arbeitsplatzbeleuchtung ein sogenanntes »Vollspektrum-Licht« von verschiedenen Firmen, das sich sowohl in Gebäuden mit getönten Fensterscheiben wie an allen anderen Arbeitsplätzen auf jeden Fall empfiehlt.

Allgemein kann ich empfehlen:

- Wenn Sie traurig sind, umgeben Sie sich mit Orange oder einem leuchtenden Gelb.
- Wenn Sie Entspannung suchen, wählen Sie ein neutrales Grün, Türkis oder helles Blau; u. U. auch Weiß.
- Für das Schlafzimmer empfehle ich Hellblau oder Türkis, vielleicht auch ein Eierschalenweiß. Wenn Sie einige sinnlich ansprechende Akzente setzen möchten, so können Sie dies mit orangefarbenen, roten oder magentafarbenen Kerzen sowie Seidenkissen in diesen Farben tun.
- Wenn Sie geistig aktiv arbeiten und wach bleiben müssen, hilft Gelb, zum Beispiel als gelber Blumenstrauß, gelbe Vorhänge. Notfalls können Sie eine gelbe Folie auf das Fenster kleben, durch welches Sonnenlicht einfällt.
- Bei Tagungen und Konferenzen mit Bildpräsentation drohen die Teilnehmer leicht einzuschlafen, weil die Augen ermüden und das Gemüt durch die Dunkelheit im Raum eher auf Ausruhen eingestellt ist. Es wäre günstig, als letztes Bild eine leuchtende gelbe Folie einzuspannen, damit alle wieder ganz wach sind.
- Falls Ihre Augen überanstrengt sind, wechseln Sie bitte auf alle Fälle die Beleuchtungskörper an Ihrem Arbeitsplatz gegen Vollspektrumlicht aus. Gehen Sie häufig genug an die Sonne, blicken Sie in das Grün von Wiesen, Blättern und Wald und in das Blau des Himmels (nicht direkt in die Sonne!). Es kann auch sehr hilfreich sein, sich die offenen Augen mittels einer Farbhandlampe mit Grün oder Lemon zu bestrahlen (siehe auch siebtes Kapitel). Besorgen Sie sich Grünpflanzen für Ihre Arbeits- und Wohnräume.

Wichtig ist, mit welcher Farbe Sie sich wirklich wohl fühlen. Achten Sie dabei auch auf körperliche Signale. Es kann sein, dass Sie sich emotional mit einer bestimmten Farbe wohl fühlen oder gewohnheitsmäßig zu ihr neigen, obwohl Ihr Körper Ihnen durch ständige Beschwerden zu signalisieren versucht, dass Sie sich mit anderen Farben umgeben sollten.

Heilmeditation mit dem inneren Licht

Zum Schluss dieses Abschnitts schlage ich Ihnen eine heilsame Farbmeditation vor, damit Sie mehr eigene Erfahrungen mit dem inneren Licht sammeln können. Probieren Sie diese Meditation insbesondere auch an speziellen Orten der Kraft aus, um deren Energien intensiver wahrzunehmen und gleichzeitig aktiv etwas für diese Orte zu tun.

Übung zur Reinigung und Heilung mit violettem Licht

- Setzen Sie sich bequem, mit aufrechter Wirbelsäule und zugleich entspannt hin, lockern Sie zu enge Kleidungsstücke, die Beine können nebeneinanderstehen oder locker übereinandergeschlagen sein, wie es Ihnen an angenehmsten ist. Sie können Ihre Hände auf die Oberschenkel legen oder locker zusammenfalten. Wichtig ist, dass Ihre Wirbelsäule wirklich so aufrecht ist, wie dies Ihr Körperzustand zulässt, aber ohne jede Verkrampfung. Lehnen Sie sich ruhig hinten an der Stuhllehne oder an der Wand an!
- Atmen Sie dreimal nacheinander tief ein und tief aus, in einem ruhigen Rhythmus. Denken und spüren Sie beim Ausatmen, dass alle Giftstoffe und alle Sie belastenden Probleme Ihren Körper verlassen.
- Atmen Sie nun normal ruhig weiter, ohne an etwas zu denken. Stellen Sie sich jetzt vor, dass eine VIOLETTE Flüssigkeit von oben über Ihren Scheitel und Ihren Kopf

in Sie hineinfließt. Diese Flüssigkeit reinigt Sie inwendig vollkommen, löst auch schon lange vorhandene Ablagerungen heraus und gleichzeitig alle körperlichen, gefühlhaften und geistigen Belastungen.

- Die violette Flüssigkeit fließt in kreisenden Bewegungen durch Ihren ganzen Kopf. Mit der inneren Reinigung entspannt sich auch Ihr Gesicht äußerlich.
- Die violette Flüssigkeit strömt weiter in kreisenden Bewegungen durch Ihren Hals, auch durch die Halswirbelsäule, und verteilt sich in beide Schultern, Schulterblätter, Arme und Hände, bis hinein in die Fingerspitzen.
- Nun fließt die violette Flüssigkeit durch Ihre Brustwirbelsäule und gleichzeitig hinein in den Oberkörper, den Brustraum und die Rückenpartien, durch das Herz, die Lunge, den Magen, durch die Leber und Gallenblase rechts innen unter den Rippen, durch die Milz und die Bauchspeicheldrüse links innen unter den Rippen. Wenn Sie das Gefühl haben, in einem Organ oder in einem Bereich mehr reinigen zu müssen, so lassen Sie die violette Flüssigkeit bewusst jede einzelne Körperzelle in dieser Zone durchströmen.
- Weiter kreist die violette Flüssigkeit durch Ihre Taille hinunter in den Unterkörper, durch Ihren gesamten Darm, durch Nebennieren, etwa hinten innen unter den Rippen, sowie durch die Nieren, die darunterliegen.
- Weiter fließt die reinigende Flüssigkeit durch den Unterleib, durch die Keimdrüsen, bei Frauen durch die Eileiter, Eierstöcke und die Gebärmutter, bei Männern durch die Prostata, und schließlich durch die Blase und den Anus.
- Dann verteilt sich die violette Flüssigkeit in beide Beine und strömt erst durch die Beckenschaufeln, danach durch die Oberschenkel, kreist durch beide Knie, die Waden, durch die Knöchel, die Fersen und durch beide Füße bis zu den Zehenspitzen.

- Die violette Flüssigkeit tritt schließlich an den Zehenspitzen wieder aus und fließt tief in die Erde hinein, bis ins Innerste, wo die herausgeschwemmten Ablagerungen, Giftstoffe, Belastungen, negativen Gedanken und Gefühle, Verspannungen und Probleme verbrannt und energetisch transformiert werden.
- Lassen Sie es nun einige Male tief in Ihnen aufatmen, und werden Sie sich mit dem ruhigen Atemfluss, der frische, neue Luft bringt, bewusst, dass Sie nun innerlich gereinigt sind. Jetzt sind Sie aufnahmefähig für neue Energien und neue Qualitäten. Erst nach einer solchen Reinigung von alten Schlacken können frische Energien wirksam aufgenommen werden.
- Bleiben Sie bequem, mit aufrechter Wirbelsäule und zugleich entspannt sitzen.

Neue Lebensenergie mit goldenem Licht

- Atmen Sie nun normal ruhig weiter, ohne an etwas zu denken. Stellen Sie sich nun vor, dass eine GOLDENE Flüssigkeit von oben über Ihren Scheitel und Ihren Kopf in Sie hineinfließt. Diese Flüssigkeit erfüllt jede Zelle mit reiner kosmischer und göttlicher Energie. Diese Energie strahlt durch alle Dimensionen und in Ihre drei Körper, den geistig-spirituellen, den astral-emotionalen und den physisch-materiellen Körper.
- Die goldene belebende Flüssigkeit fließt durch Ihren ganzen Kopf. Damit beginnt Ihr Gesicht auch äußerlich Freude und Leben auszustrahlen.
- Die kosmische goldene Flüssigkeit strömt weiter durch Ihren Hals, durch die Halswirbelsäule und verteilt sich in beide Schultern, Schulterblätter, Arme und Hände, bis hinein in die Finger spitzen. Vielleicht spüren Sie ein belebendes Kribbeln oder eine angenehme Wärme.
- Nun fließt die goldene Flüssigkeit durch Ihre Brust wirbelsäule und gleichzeitig hinein in den Oberkörper, den Brustraum und die Rückenpartien, durch das Herz,

die Lunge, den Magen, durch die Leber und Gallenblase rechts innen unter den Rippen, durch die Milz und die Bauchspeicheldrüse links innen unter den Rippen. Wenn Sie das Gefühl haben, dass Sie in einer bestimmten Körperzone mehr dieser stärkenden göttlichen Energie brauchen, lassen Sie die goldene Flüssigkeit bewusst möglichst jede einzelne Zelle in diesem Bereich durchfließen.

- Weiter strömt die goldene Flüssigkeit durch Ihre Taille hinunter in den Unterkörper, durch Ihren gesamten Darm, durch die Nebennieren, etwa hinten innen unter den Rippen, sowie durch die Nieren, die darunterliegen.
- Weiter fließt diese lichte Flüssigkeit durch den Unterleib, durch die Keimdrüsen, bei Frauen durch die Eileiter, Eierstöcke und die Gebärmutter, bei Männern durch die Prostata, und schließlich durch die Blase und den Anus.
- Dann verteilt sich diese goldene Flüssigkeit in beide Beine und strömt erst durch die Beckenschaufeln, danach durch die Oberschenkel, fließt durch beide Knie, die Waden, durch die Knöchel, die Fersen und durch beide Füße bis zu den Zehenspitzen.
- Die göttliche kosmische golden-energiegeladene Flüssigkeit tritt schließlich an den Zehenspitzen wieder aus und fließt tief bis ins Innerste der Erde hinein. Wir Menschen dienen als Brücke und »Transformator« der göttlichen Energien für die irdische Welt, für die Erde. Die goldene Kraft bringt nicht nur für uns selbst frische Lebendigkeit, sondern lässt auch der Erde neue Energien zuströmen. Wir Menschen sind für uns UND für unseren Heimatplaneten verantwortlich.
- Werden Sie sich bewusst, wie Sie sich jetzt fühlen, im Vergleich zum Beginn der Übung vor der Reinigung durch die violette Flüssigkeit und im Vergleich zum Beginn der Übung mit dem goldenen Licht, nach der

Lösung von alten Mustern. Fühlen Sie sich jetzt angenehmer, klarer, frischer, wacher, aktiver, glücklicher?
- Zum Abschluss der Übung, um »zurückzukommen«, spüren Sie in Ihre Füße hinein, mit denen Sie fest auf dem Boden ruhen und mit ihm verwurzelt sind, und atmen Sie dreimal betont tief ein und aus. Öffnen Sie langsam Ihre Augen, und kehren Sie in Ihren Tag zurück.

In meinen Seminaren führe ich diese Meditation mit dem goldenen Licht weiter, indem Sie sich nun auf Ihr drittes Auge oder Augenbrauenzentrum konzentrieren. Dort stellen Sie sich dann auf Licht ein, das in verschiedenen Farben auftauchen kann. Die Farbe, die dann auftaucht, wird benutzt, um sich selbst in Bezug auf spezifische, individuelle Themen und Probleme zu harmonisieren und zu stärken. Dazu bedarf es einer kundigen Anleitung.

Ich wünsche jeder Leserin und jedem Leser, dass sie die Lichtkräfte des Lebens erfahren und verstehen mögen, dass alle Menschen daran beteiligt sind, dass und wie unsere Erde weiterlebt. Es hängt von uns ab, ob die Erde uns weiterhin Kräfte geben kann, ob die Pflanzen weiter wachsen und uns Nahrung geben können. Dazu müssen wir das innere Licht entdecken und ausstrahlen.

V.

Wie Sie die Energien von Farbe wahrnehmen können

1. Farbfühligkeit und Bewusstseinsentwicklung

Ich spreche absichtlich von Farbfühligkeit und davon, Energien von Farben wahrzunehmen, und nicht davon, sie zu sehen. Der Grund dafür ist, dass viele Menschen die Schwingungen von Farben in der Aura und von den Chakras sehr wohl wahrnehmen können, aber ohne sie direkt mit offenen Augen zu sehen. Bekanntlich verfügen Blinde über eine Farbwahrnehmung, ohne die Farben zu sehen. Sie spüren eine Schwingung oder eine Energie und können zwischen verschiedenen Energieabstrahlungen von Farben unterscheiden, ohne sie optisch wahrzunehmen.

Auf ähnliche Weise empfinden viele Menschen die Schwingungen von Aura und Chakras. Sicher kennen Sie selbst das auch, dass man manchmal das Gefühl hat, als ob eine dunkle Wolke über bzw. um einen bestimmten Menschen sei. Oder man spricht davon, dass jemand eine helle, freundliche Ausstrahlung habe. Man fühlt sich in der Gegenwart eines Menschen besonders wohl oder eher wie abgestoßen. Wir wissen, dass Augen blitzen können oder ein Gesicht strahlt – und das, obwohl natürlich kein Scheinwerferlicht plötzlich scheint, sondern weil sehr subtile, materiell nicht unbedingt fassbare und nur schwer beschreibbare Energien von einem Menschen ausgehen. Diese Energien sind zwar nicht so greifbar wie irgendwelche materiellen Dinge, wirken aber durchaus stark emotional. Manche sensitiven Menschen, die ihre Medialität noch nicht richtig ausgebildet und damit kontrollierbar gemacht haben, spüren im Solarplexus oder an anderen markanten Körperzonen Energieströme, die auf sie eindringen und sie irgendwie »überfluten« oder »besetzen«. Andere merken, dass ihnen unmerklich Energie »abgezapft« wird. All diese Vorgänge haben mit der Vitalität und Harmonie von Chakras und Aura zu tun.

Für das goldene, das lichterfüllte Zeitalter, dem wir alle entgegenstreben, wird es immer wichtiger, dass wir lernen, mit Lichtkräften in der rechten Weise umzugehen. Es hilft uns im Umgang mit anderen Menschen, wenn wir sensitiv erkennen können, ob die Energien dieses Menschen für ein gemeinsames Vorhaben, für eine geschäftliche Zusammenarbeit und natürlich vor allem für eine intime Partnerschaft »kompatibel« sind. Mit kompatibel ist nicht eine völlige Gleichheit gemeint, sondern eine sich teilweise ergänzende, teilweise fördernde Übereinstimmung. Das Bewusstseinsniveau, die charakterlichen Grundeinstimmungen und das Maß der geistigen Entwicklung sollten weitgehend vergleichbar sein, um eine engere Verbindung zu fördern, anstatt sie mit einer Fülle eigentlich vorhersehbarer und unnötiger Probleme zu belasten.

Die Farben der Chakras und der Aura zeigen an:

- welche emotionalen und mentalen Lebensthemen zur Zeit im Vordergrund der Persönlichkeitsentwicklung stehen;
- welche spirituellen Ebenen erreicht worden sind;
- welche Herausforderungen die Seele noch zu meistern hat;
- vorübergehende Stimmungen, die sich in der Aura kurzfristig niederschlagen können;

- wie der Gesundheitszustand der Menschen ist und wie er in der näheren Zukunft aussehen kann.

Man kann den Farben der Aura und der Chakras also sehr viel entnehmen, was sich auf alle drei Ebenen – Körper, Geist und Seele – bezieht und sowohl von gesundheitlichem wie persönlichem, sozialem und spirituellem Nutzen sein kann.

Deshalb möchte ich Ihnen einige Übungen vorstellen, wie Sie Ihre eigene angeborene Sensitivität entdecken und entfalten können. Es spielt dabei keine Rolle, ob Sie Farben und Energien sehen, riechen, schmecken, hören, spüren, ahnen oder auf eine andere Art und Weise wahrnehmen!

2. *Erfassen und Sehen der Aura – Übungen*

1. Es wäre gut, wenn mehrere Personen anwesend sind und mitmachen.

- Fassen Sie sich an den Händen, und bilden Sie einen Kreis. Schließen Sie alle die Augen.
- Erlauben Sie jetzt der Energie Ihrer eigenen Aura, über Ihre Hände nach links und rechts in den Kreis der Menschen hineinzufließen. Gleichzeitig können Sie Ihre Auraenergie auch über den Solarplexus oder das Herzchakra in die Mitte des Kreises ausstrahlen.
- Erspüren Sie das leichte Prickeln und die fließenden Ströme, die wie ein schwacher elektrischer Strom spürbar sind.
- Bemerken Sie, ob die Energie in eine bestimmte Richtung fließt?
- Vereinbaren Sie nun, dass alle die Energieströme einmal im Uhrzeigersinn für einige Zeit laufen lassen; danach gegen den Uhrzeigersinn. Haben Sie Veränderungen in der Intensität festgestellt? Haben Sie sich bei einer

Laufrichtung wohler gefühlt als bei der anderen? Haben Sie bestimmte innere (evtl. auch astrale) Erfahrungen gehabt? Mit Licht, mit Farben? Mit Formen, Gestalten, Bildern, Kräften? Tauschen Sie Ihre Erfahrungen untereinander aus.

2. Diese Übung ist für zwei Menschen.
- Setzen Sie sich einander gegenüber, und legen Sie Ihre rechte Hand auf die linke des Partners sowie Ihre linke Hand auf die rechte des Partners. Schließen Sie die Augen.
- Lassen Sie nun bewusst Energien zwischen sich fließen. Wie fließen sie, wenn Sie sie nicht beeinflussen?
- Schicken Sie beide jetzt Ihre Energien aus, über die rechte Hand. Wie fühlt sich das an?
- Senden Sie danach die Energien über die linke Hand. Welche Unterschiede empfinden Sie?
- Strahlen Sie sodann über beide Hände Energien ab. Wie spüren Sie Ihre Hände und die durch sie fließenden Kräfte jetzt?
- Stoppen Sie auf ein verabredetes Zeichen beide den Energiefluss ganz, und nehmen Sie wahr, wie Sie das fühlen.
- Nun saugen Sie beide gleichzeitig Energien durch Ihre Hände auf. Registrieren Sie wieder bewusst, welche Erfahrungen Sie dabei machen.
- Sprechen Sie über Ihre Erlebnisse, und wiederholen Sie die ganze Übung oder Teile davon.

3. Die folgende Anleitung kann allein oder mit einem Partner geübt werden.
- Halten Sie Ihre Hände vor dem Brustkorb mit den Handflächen zueinander, etwa im Abstand von 5–10 Zentimetern.
- Bewegen Sie die Handflächen nun langsam aufeinander zu – ohne dass sich die Hände wirklich berühren! – und voneinander weg.

- Spüren Sie einen »Widerstand« – oder ein Kribbeln oder Wärme –, wenn Sie die Hände näher zusammenführen? Und spüren Sie ein »Ziehen«, wenn die Hände etwas weiter voneinander entfernt sind?
- Fühlt sich der Zwischenraum zwischen Ihren Händen an, als ob er unter einer »Spannung« steht oder als ob Sie einen unsichtbaren weichen Watteball zwischen den Händen hielten?
- Nehmen Sie die Hände nun recht weit auseinander, aber halten Sie sie immer noch so, dass die Handflächen einander zugewandt sind. Wie weit können Sie Ihre Hände auseinandernehmen und doch noch den Energiestrom zwischen den Händen spüren?

Wenn Sie diesen oben erwähnten »Widerstand« spüren, dieses unsichtbare, leicht verformbare und doch »greifbare« Etwas, oder das »Ziehen« zwischen relativ weit voneinander entfernten Handflächen, sind Sie mit Ihrem Energiekörper bzw. Lichtkörper in Berührung gekommen.

4. Ebenfalls allein oder zu zweit durchführbar.

- Halten Sie eine Hand mit der Handfläche nach oben.
- Zeigen Sie mit dem Zeigefinger der anderen Hand im Abstand von etwa 2–3 Zentimetern auf die Mitte Ihrer Handfläche, und bewegen Sie Ihren Zeigefinger langsam hin und her, in Wellen oder Kreisbewegungen. Spüren Sie ein Kribbeln oder Ziehen oder Wärme?
- Schließen Sie nun die Augen, und beobachten Sie, ob Sie nach wie vor die Bewegungen des Zeigefingers energetisch wahrnehmen können, auch ohne hinzusehen.
- Halten Sie nun beide Hände im Abstand von etwa 20–30 Zentimetern mit den Handflächen zueinander, und nehmen Sie energetischen Kontakt auf.
- Wenn Sie mit einem Partner üben, möge Ihr Partner jetzt eine seiner Hände zwischen Ihre Hände halten. Spüren

Sie, wie das Energiefeld verändert, »gestört« oder beeinflusst wird.

5. Nachdem Sie Ihre Hände als »Messgeräte« für »Energiefelder« näher kennengelernt haben, können Sie die Hände jetzt dazu benutzen, Auraschichten zu erspüren – bei sich selbst oder bei einem Partner.

- Entspannen Sie sich, schließen Sie die Augen. Atmen Sie einige Male vertieft aus, und lassen Sie mit der Ausatmung möglichst alle Belastungen und Sorgen los.
- Halten Sie nun eine oder beide Hände über eine möglichst flache Hautzone, zum Beispiel über den Solarplexus oder das Brustbein – im Abstand von etwa 5–10 Zentimetern. Fühlen Sie sich in die Ausstrahlung dieser Hautzone ein.
- Verringern Sie dann den Abstand langsam, bis Sie einen deutlichen »Widerstand« über der Haut spüren. Wie weit reicht dieser Widerstand? Wie fühlt sich diese Energie an? Welche Empfindungen löst das Erspüren dieses Widerstands bei Ihnen aus?
- Vergrößern Sie jetzt den Abstand zwischen Hand und Haut wieder deutlich auf mindestens etwa 20 Zentimeter, und nehmen Sie dann Ihre Hand nach und nach weiter weg, aber halten Sie die Handfläche noch immer zur betreffenden Hautzone gewandt. Wann spüren Sie, dass der Energiekontakt »abreißt«? Bei welcher Entfernung? Wie hat sich die letzte Strahlung, bevor der Kontakt abriss, angefühlt?

Damit machen Sie erste Erfahrungen, die Schichten der Aura bewusst zu erfühlen. Es kann sein, dass Sie mehr als zwei Schichten registrieren, je nach Ihrer Fühligkeit. Es kann auch sein, dass Sie eigenartige Energiewirbel oder stoßweise Energieströme oder sanfte Wellenenergien oder anderes wahrnehmen. Wenn man die Aura eines Menschen rundherum auf diese Weise »abtastet«, können mediale

Personen durchaus Krankheitsherde und anderes entdecken. Dazu bedarf es aber natürlich erfahrener Sensitivität und medizinischer Kenntnisse.

Wir kommen nun zu einer Übung, die Aura um einen Menschen in ihrer Gesamtheit wahrzunehmen. Sie brauchen zum zweiten Teil einen Partner. Am besten ist dafür die Morgen- oder Abenddämmerung mit dem dafür typischen Zwielicht geeignet. Ein leicht abgedunkeltes Zimmer mit einer weißen oder gebrochen-weißen Wand funktioniert aber auch.

Eine Vorbemerkung:
Solange man noch keine große Erfahrung im Aura-Sehen besitzt, sagen die Farben, die man sieht, meist weniger über die tatsächlichen Aurafarben aus als über die eigene Wahrnehmungsfähigkeit.

6. Halten Sie Ihre Hände auf Armlänge von sich entfernt, spreizen Sie Ihre Finger auseinander.

- Entspannen Sie Ihre Augen. Schauen Sie sozusagen unabsichtlich in die Zwischenräume der Finger. Sehen Sie Bewegungen in der Luft wie über einer heißen Straße? Oder sehen Sie so etwas wie ganz feine Nebelschleier oder eine Art Aureole oder pastellfarbene Tönungen um die Finger herum?
- Bewegen Sie die Finger ganz behutsam. Schauen Sie, ob sich ein »Energiefeld« um die Finger und die Hand herum verändert? Ob sich Farbtönungen verändern?
- Nun stellt sich ein Partner ungefähr 5—10 Meter vom anderen auf, einige Meter vor der Wand oder vor dem dämmrigen Himmel, sodass der Körper über dem Horizont zu sehen ist.
- Der andere Partner blickt nun die stehende Person nicht direkt an, sondern sozusagen hinter sie. Dabei fixiert der Blick nicht, sondern man schaut wie absichtslos auf ein Feld, das einige Meter hinter der Person liegt und

von deren Körpersilhouette abgedeckt bzw. verdeckt wird.

- Sie werden quasi aus den Augenwinkeln – weil die Augen ja nach wie vor nicht fixieren, sondern ganz entspannt sind – um den Körper herum eine »Energie-Emanation«, eine Art von Energiestrahlung sehen. Versuchen Sie, sich in diese Energiestrahlung »einzusehen«.
- Fahren Sie damit fort, bis Sie um den gesamten Körper Ihres Partners herum ein ganzheitliches Aurafeld wahrnehmen können. Es kann wie Hitzewellen in der Luft wirken, graufarbig vermischt oder deutlich licht und farbig strahlen.

Einige Nachbemerkungen:
Wenn Sie energetischen Kontakt zu einem anderen Menschen auf eine solche »intime« Weise aufnehmen, wie es die sensitive Einstellung auf die Aura darstellt, nehmen Sie auch unwillkürlich diese Energien in Ihre Aura, in Ihren Lichtkörper und vor allem in Ihren Emotionalkörper auf. Sie »vermischen« Ihrer beider Aurakräfte. Dabei fließt mehr Energie von dem Menschen mit einer lichteren, »höher« entwickelten Aura zu dem mit einer noch nicht so entwickelten Aura als umgekehrt – wenn sich beide Partner nicht ungefähr auf demselben spirituellen und psychosomatischen Energieniveau befinden. Es passiert etwas Ähnliches, wie wir es von Zahnfüllungen und Zahnersatz kennen. Von Gold- oder Silberfüllungen fließen elektrische und Ionenströme zu unedlen Zahnfüllungen aus Amalgam. Wenn Sie das Gefühl haben, Energie zu verlieren, wenn Sie sich auf die Aura eines Menschen einstellen, so sollten Sie Ihre Fühlungnahme entweder beenden oder sich schützen. Man kann sich sowohl mittels Farbbestrahlung mit Grün auf das Scheitelchakra und den Solarplexus wie mit Rosa auf das Herzchakra sowie Türkis auf das Kehlkopfchakra in begrenztem Umfang schützen. Ich empfehle, auf jeden Fall nach der Aura-Fühlung sich Gesicht und Hände sowie

Nacken und Schläfen mit kühlem Wasser zu waschen oder ein nicht zu heißes Vollbad mit Apfelessig und/oder grobem Meersalz zu nehmen.

Wenn Sie die Aura eines anderen Menschen gespürt, gesehen oder irgendwie sonst wahrgenommen und damit ja auch in sich aufgenommen haben, haben Sie vielleicht auch bemerkt, dass dieser Mensch Krankheitsherde in sich trägt – vielleicht, ohne dass sich Krankheiten bislang bereits im Körper manifestiert hätten. Solche Einblicke in das persönliche Schicksal eines anderen Menschen sollten natürlich sehr kritisch und sehr verantwortlich gehandhabt werden. Ein solches Wissen kann leicht zu einer großen Last werden. Auch hier schützt Grün.

Wer »sichtig« oder »fühlig« ist, wird durchlässiger und empfänglicher für Energieabstrahlungen anderer Menschen. Das kann nun leider nicht nur bei beabsichtigten Aurafühlungnahmen zu Belastungen führen, sondern auch bei Besuchen an belebten Orten. Wenn ich in ein Kaufhaus muss, fühle ich mich oft hinterher wie ausgelaugt, weil so viele Energien auf mich einstürmen und man sich nicht immer daran erinnert, sich hermetisch abzuschirmen und metaphysisch zu schützen.

Deshalb rate ich Ihnen, wenn Sie zu diesen sensitiven Menschen gehören, dass Sie am besten größere Menschenansammlungen wie Kaufhäuser, Discos und Parties meiden. Versuchen Sie, sich in einer Umgebung und unter Menschen aufzuhalten, die Ihrer Schwingung entsprechen. Erden Sie sich immer wieder. Und wenn Sie mit den feinen Schwingungen von Aura und Chakras arbeiten, lassen Sie Energien durch sich selbst hindurchstrahlen. Halten Sie nichts fest! Sehen Sie sich nur als Kanal.

3. Erspüren und Erkennen der Chakras – Übungen

Eine Vorübung besteht darin, »kalte« und »warme« Farben unterscheiden zu lernen – nicht mit den Augen, sondern indem Sie mit den Händen über Farben spüren, bei geschlossenen Augen. Sie können dazu die Farbkarten benutzen, die im Buchhandel erhältlich sind.

Rot, Orange und Gelb sind zum Beispiel warme Farben. Türkis, Blau und Violett sind kalte Farben.

Wie empfinden Sie Grün und Magenta? Als warm, als kalt, als beides – oder ist das abhängig davon, wie Sie sich jeweils selbst fühlen?

Als Nächstes gehen Sie dazu über, die Farben selbst zu erfassen. Es ist leichter, wenn Sie nicht mit allen zwölf Farben des Farbtests anfangen, sondern erst einmal mit sechs: Rot, Orange, Gelb, Grün, Blau oder Indigo, Magenta. Später können Sie Ihre Farberkennungsfähigkeiten dann weiter differenzieren.

Wie kann man nun die Energien und vielleicht sogar die jeweils vorherrschenden Farben der Chakras erfassen? Sie haben die Fühligkeit Ihrer Hände inzwischen kennengelernt. Benutzen Sie Ihre Hände wieder, um die Chakras zu erspüren. Sie machen diese Übungen am besten mit einem Partner, weil es leichter ist, an anderen Menschen etwas festzustellen als an sich selbst.

1. Der passive Partner sitzt, der aktive steht.

2. Entspannen Sie sich. Atmen Sie mehrere Male frei aus. Sammeln Sie sich innerlich, vielleicht mit einer kurzen, stillen Meditation. Halten Sie Ihre Augen geschlossen.

3. Der stehende Partner hält nacheinander seine beiden Hände mit den Handflächen zum Körper des sitzenden Partners gewandt etwa 3–5 Zentimeter

a) zuerst vor den Solarplexus, oberhalb des Bauchnabels;
b) dann vor die Mitte des Brustraums, am Herzchakra;
c) danach vor das Kehlkopfchakra;
d) sodann vor das »dritte Auge«;
e) und schließlich über das Kronenchakra;

Im ersten Durchgang, ohne dass beide Partner etwas machen oder erwarten. Der Sinn der Übung besteht nur darin, dass der aktive Partner spürt, OB er etwas spürt. Tauschen Sie sich nach diesem ersten Durchgang untereinander aus.

4. Nun wiederholen Sie diese Übung mit den Schritten a bis e, aber der sitzende Partner fühlt sich die ganze Zeit in ein zurückliegendes Erlebnis ein, welches ihn stark aufgewühlt und belastet hat, und er versucht, diese Energie »unzensiert« über seine Chakras abzustrahlen. Der stehende Partner versucht wahrzunehmen, ob sich die Energien anders anfühlen als beim ersten Durchgang und evtl. wie anders. Auch nach dem zweiten Durchgang tauschen sich die Partner untereinander aus.

5. Nun wird diese Übung zum dritten und letzten Mal durchgeführt, wiederum in den Schritten von a bis e. Der sitzende Partner stimmt sich aber auf ein Erlebnis ein, das ihn beglückt und beseligt hat, und strahlt nun diese Schwingung bewusst über seine Chakras ab. Wiederum versucht der stehende Partner zu spüren, ob sich seine Wahrnehmung der Chakras verändert und gegebenenfalls wie. Danach sprechen die Partner über ihre Erfahrungen und tauschen vielleicht die Rollen.
   Sie werden zumindest Kribbeln, Wärme, kleine »elektrische Ströme« und dergleichen mehr spüren. Vielleicht fühlen Sie sogar Energiewirbel und können die Drehrichtung feststellen, oder Sie empfinden so etwas wie eine magnetische oder eine abstoßende Kraft. Manche

weiter fortgeschrittenen Menschen »sehen« mit den Händen sogar Licht und Farben!

Wir kommen zum letzten Teil dieser Übung: zum Experiment, Chakrafarben regelrecht zu sehen. Das geht am leichtesten in Bezug auf das Nabelzentrum, das Herzzentrum, das Augenbrauenzentrum oder das Kopfzentrum. Die Partner sollten sich aufgrund der Ergebnisse der vorangegangenen Übungen darüber klarwerden, welches Chakra sie am stärksten gespürt haben.

6. Ein Partner setzt sich vor eine neutrale weiße Wand, im Abstand von 1–2 Metern, und zwar im Profil. Dunkeln Sie das Licht im Zimmer etwas ab (farbige Beleuchtung beeinflusst das Experiment). Der sitzende Partner schließt die Augen und versenkt sich in ein ihn besonders tief berührendes Gefühl – gleich, ob positiv oder negativ. Der andere Partner schaut nicht direkt auf das Profil, sondern auf den Teil der Wand, vor dem sich die Chakraabstrahlung ergibt.
   Sehen Sie Schlieren heißer Luft auf der Wand?
   Sehen Sie fast unscheinbare Nebelschwaden oder Wolken?
   Sehen Sie eine leichte Tönung der weißen Wand an dieser Stelle, die sich von der Wandfarbe an anderer Stelle zu unterscheiden scheint?

Verzagen Sie nicht, wenn Sie wenig oder auch gar nichts wahrnehmen. Das ist am Anfang unserer Bewusstseinswege ganz normal. Und Ihre Selbstverwirklichung wird auch in keiner Weise davon beeinträchtigt, wenn Sie diese und andere mediale Fähigkeiten nicht beherrschen. Nehmen Sie auf der anderen Seite aber auch erste bescheidene Erfolge in der Wahrnehmung subtiler Schwingungen und Energien dankbar an. Ich habe es an anderer Stelle mehrfach erwähnt und tue es wieder: Es ist wichtiger, was

Sie spüren, als was Sie konkret sehen können. Wenn Sie einmal beginnen, sich ganz sensibel und sensitiv auf feine Schwingungen einzustellen, werden Sie vielleicht bei anderer Gelegenheit, sozusagen unwillkürlich, Chakras, Körperzonen, Ausstrahlungen oder Aurahüllen auch als Lichtfarben erkennen.

VI.

Die Farben deiner Seele

Farbtafeln

Oben:
Chakras und wichtige Energiezentren im Menschen
Rechts:
Der Lichtkörper und die Zwei-Schichten-Aura

G.S.

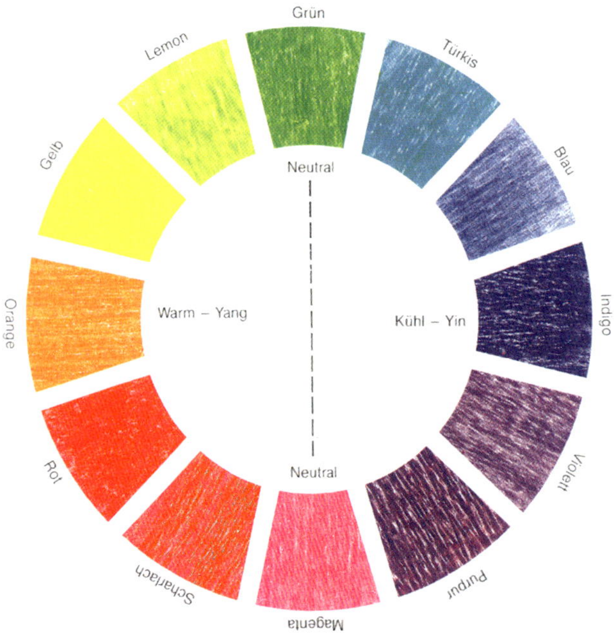

Farbuhr © 1991
Ingrid S. Kraaz von Rohr, MSI, Santa Fe

Die zwölf Farben im Uhrzeigersinn von zwölf Uhr an:
Grün - Türkis - Blau - Indigo - Violett - Purpur -
Magenta - Scharlach - Rot - Orange - Gelb - Lemon.

Der Zwölf-Farben-Test

nach Ingrid S. Kraaz von Rohr,
mit den Farben für körperliche, seelische
und spirituelle Harmonie:

Grün - Magenta,
Blau - Orange,
Gelb - Violett,
Rosa - Lemon,
Weiß - Gold,
Rot - Türkis.

1. Der 12-Farben-Test

Nehmen Sie sich Zeit. Entspannen Sie sich. Trinken Sie ein paar Schlucke Wasser. Benetzen Sie Ihre Stirn und Ihre Schläfen sowie den Nacken vielleicht mit etwas Wasser, wenn Sie sich gerade angespannt fühlen.

Setzen Sie sich in Ruhe hin, und schneiden Sie die zwölf Farbkarten aus dem Buch aus. Legen Sie diese Farbkarten vor sich aus, und vertiefen Sie sich in die Farben. Sie müssen nichts spontan oder schnell machen, sondern können sich gut Zeit lassen, um ganz bedacht Ihre Farbwahl zu treffen.

Ich schlage mehrere Vorgehensweisen vor; wahrscheinlich kommen Sie auf weitere, die für Sie sinnvoll sind.

- Suchen Sie nach den drei Farben, die Ihre Seele braucht – eine Farbe für Ihren Körper, eine Farbe für Ihre Gefühle und eine Farbe für Ihre Seele. Die drei Farben, die Sie auswählen (im Extremfall kann es auch dreimal dieselbe Farbe sein!), sagen Entscheidendes über Ihre derzeitige Situation und über Ihre schicksalhaften Lebensaufgaben aus.

- Suchen Sie die Farbe(n) aus, die Ihnen am wohltuendsten und heilsamsten erscheinen. Sie sagen in Verbindung mit den Erläuterungen über die Wirkung von Heilfarben im siebten Kapitel etwas über Ihre Gesundheitsbedürfnisse aus.

- Suchen Sie nacheinander für Ihre Kraftzentren, Chakras und Aura die Farben aus, die Ihrer Meinung nach Ihrer derzeitigen Energie dort entsprechen. Das ist eine gute Alternative, wenn man die Aura- und Chakrafarben noch nicht sehen kann und dennoch eine Deutung finden möchte. Lesen Sie dann in den entsprechenden Abschnitten über die Aussagen dazu nach.

- Suchen Sie die Farbe(n) aus, von der (denen) Sie glauben, am besten in Ihrer spirituellen Entwicklung unterstützt zu werden. Lesen Sie sodann die Schlüsselworte zu den spirituell wirksamen Farben nach.

- Benutzen Sie den Farbtest zum Partnervergleich: Welche Farbe liegt Ihnen derzeit am meisten, welche am wenigsten? Welche Farbe mag Ihr Partner am liebsten, welche Farbe überhaupt nicht?

- Nun wünsche ich Ihnen die rechte Einstimmung und auch Freude dabei, sich ganz in die feinen Schwingungen der Welt der Farben einzulassen. Mögen Sie in den Farben das Licht entdecken, das uns und die ganze Schöpfung beseelt und belebt!

Testauswertung

Die Testauswertung richtet sich nach Ihrer Fragestellung. Lesen Sie zunächst die nachstehenden Erläuterungen. Beachten Sie auch die Rubrik »Karmische Aufgaben«. Das sind Hinweise, welche spirituellen Lernaufgaben und geistigen Herausforderungen Ihr (bekanntlich selbstgeschaffenes) Schicksal für Sie bereithält.

Wer sich um seine Bewusstseinsentwicklung bereits bemüht hat, weiß, dass wir vor unseren Lernaufgaben auf die Dauer nicht davonlaufen können. Vielmehr müssen wir uns ihnen früher oder später stellen und sie meistern. Je früher wir diese Aufgaben annehmen, desto leichter werden sie uns fallen, weil wir uns noch nicht zu sehr festgefahren haben in eingefleischten Verhaltensmustern oder vorgefassten Meinungen.

Falls Sie eine Gesundheitsfrage gestellt haben, sollten Sie die entsprechenden Informationen im siebten Kapitel nachlesen. Eventuell helfen Ihnen auch die allgemeinen Hinweise zur Bedeutung von Farben ab Seite 137.

Ich wünsche Ihnen viel farbigen Glanz und Freude bei Ihren Bemühungen um mehr Verständnis für sich selbst und Ihre Mitmenschen und für das große Mysterium Leben. Farben stellen einen wesentlichen Schlüssel dar, um die Geheimnisse des Lebens zu entdecken und gleichzeitig zu bewahren!

Grün

Physisch:
Sie sind sehr mit dem Irdischen verwurzelt. Sie stehen mit beiden Füßen auf dem Boden. Sie sind selten krank. Sie halten sich gesund und genesen schnell, wenn Sie doch einmal krank werden.

Emotional:
Sie zeigen Beharrlichkeit und Ausdauer in Gefühlsangelegenheiten. Sie sind treu. Sie sind kein Romantiker, und heftige Gefühlsausbrüche wie bei Menschen, die Rot gewählt haben, sind Ihnen fremd. Sie sind ein guter Kamerad. Von neuen Dingen oder Menschen lassen Sie sich nicht so schnell beeindrucken. Sie können ein treuer Mitarbeiter sein. Manchmal sind Sie aber auch stur.

Seelisch:
Ihr Wesenskern besitzt eine reine Lebensenergie. Sie sind willensstark, Ihr Wille ist dominant. Oft haben Sie sich entschieden, Ihrem Leben einen speziellen Sinn zu geben und sich einer besonderen Aufgabe zu widmen. Es besteht dadurch dann auch manchmal die Gefahr, dass Sie einseitig werden könnten.

Karmische Aufgaben:

Körperlich:	Helfen Sie Ihrem Körper, Vitalität und Substanz zu erhalten.
Emotional:	Lernen Sie irdische Sicherheiten schätzen, ohne von ihnen abhängig zu werden.
Spirituell:	Finden Sie Ihre menschliche Mitte, um sich vertrauensvoll für transzendente Bereiche öffnen zu können.

Orange

Physisch:
Bedeutet viel Energie und Kraft, Neues anzupacken und schöpferisch tätig zu sein. Sie strahlen Wärme aus und wirken aktivierend auf andere Menschen.

Emotional:
Ihre Gedanken sind heiter und offen. Sie sind in der Lage, Heiterkeit und Freude zu verbreiten, und können helfen, Probleme zu lösen.

Seelisch:
Sie haben erkannt, dass in Ihnen selbst die Kräfte stecken, wieder ganz von vorn anfangen zu können – also wie ein Phönix aus der Asche wiederaufzuerstehen. Sie haben den Mut, Ihrem Leben eine neue Orientierung zu geben, auch wenn die Situation von außen betrachtet aussichtslos erscheint. Vielleicht sind Sie auch seelisch bereit, schwanger zu werden.

Karmische Aufgaben:

Körperlich:	Lernen Sie durch Sport und Bewegung Freude an Ihren körperlichen Kräften kennen.
Emotional:	Gönnen Sie sich schöpferische Begegnungen mit neuen Menschen und Ideen.
Spirituell:	Vertrauen Sie darauf, dass Sie auch dann beschützt sind, wenn Sie sich in völlig neue geistige Dimensionen vorwagen.

Rot

Physisch:
Sie sind ein Energiebündel. Sie sind dynamisch und aktiv, Sie strahlen sozusagen Hitze ab. Sie können aber auch zu Aggressionen neigen oder Spaß an Kampfeslust empfinden. Sie sollten sich unbedingt körperlich intensiv sportlich betätigen. Gesundheitlich könnte Rot ein Signal für erhöhten Blutdruck bedeuten.

Emotional:
Sie sind leidenschaftlich und lieben die offene Auseinandersetzung – auch in der Erotik. Sie stehen gern im Mittelpunkt und möchten beachtet werden – oft, weil Sie in Wirklichkeit einsam sind. Ihre Gedankenflut treibt Sie um. Oft ist auch Ungeduld ein Problem.

Seelisch:
Sehnsucht nach Liebe und Anerkennung auf der körperlichen Ebene. Verlangen nach vollkommener Vereinigung.

Karmische Aufgaben:
Körperlich: Nutzen Sie Ihre naturgegebenen Kräfte, ohne sie zu missbrauchen.
Emotional: Freuen Sie sich über Ihre Leidenschaft zum Leben, aber lassen Sie sich nicht von momentanen Impulsen beherrschen.
Spirituell: Verstehen Sie Ihre seelische Weiterentwicklung als genauso wesentlich wie die Erfüllung vorübergehender Wünsche, und widmen Sie sich bewusst Ihrer Seelenentwicklung.

Blau

Physisch:
Sie sind ein eher ruhiger Mensch, lieben die Harmonie und gehen Streit möglichst aus dem Wege. Sie neigen eher zu geringer körperlicher Bewegung. Sie sind sehr empfindsam.

Emotional:
Sie lieben gute Ernährung. Sie wollen mit allen Menschen in gutem Einvernehmen leben. Auch wenn Sie jemand angreift, ziehen Sie sich am liebsten zurück, um Auseinandersetzungen zu vermeiden. Sie können sich emotional gut entspannen und loslassen, und Sie können Ihre Gefühle auch zum Ausdruck bringen. Dafür brauchen Sie allerdings einen Partner, der Ihnen seelisch »das Wasser reichen« kann. Sonst fühlen Sie sich einsam und wirken manchmal auf Außenstehende hochmütig.

Seelisch:
Sie sind äußerst sensibel und feinfühlig. Sie nehmen feine Schwingungen wahr und erkennen deshalb auch oft Zusammenhänge, die andere so (noch) nicht erfassen. Ihre Seele drückt sich über Ihre Gefühle aus. Sie wollen alle Menschen lieben und sind ganz erstaunt darüber, dass es Menschen gibt, die (noch) nicht in der Lage sind, so zu lieben wie Sie. Sie sind sicherlich eine »alte Seele«. Sie können durch Meditation leicht Kraft und Energie schöpfen und immer wieder in Ihre Mitte gelangen.

Karmische Aufgaben:

Körperlich:	Pflegen Sie genügend körperliche Bewegung an der frischen Luft und unter der strahlenden Sonne.
Emotional:	Lassen Sie Ruhe in Ihr Leben einkehren.
Spirituell:	Nutzen Sie jeden Impuls zum Meditieren.

Gelb

Physisch:
Sie neigen dazu, leicht erregt zu werden bis hin zu cholerischen Ausbrüchen, besonders in Liebesangelegenheiten. Sie haben eine gute Verdauung und entgiften Ihren Körper gut, müssen aber auf einen nervösen Magen aufpassen.

Emotional:
Ihre schnelle Auffassungsgabe und Ihr Verstand verlassen Sie nicht so schnell. Sie sind der Welt offen zugewandt und können nicht verstehen, wenn andere Menschen mental nicht so rege oder verschlossener sind. Sie richten Ihren Verstand auf das Praktische im Leben und kümmern sich um Ihr berufliches Fortkommen. Sie haben wenig Ängste.

Seelisch:
Sie sind nicht in Gefahr, »abzuheben«. Sie verfügen über eine gehörige Portion Gottvertrauen, auch wenn Sie selbst das nicht so nennen würden.

Karmische Aufgaben:

Körperlich: Achten Sie darauf, dass Ihre Freude an geistiger Beweglichkeit nicht zu nervösen Belastungen Ihrer Gesundheit führt.

Emotional: Freuen Sie sich am lebendigen Austausch mit anderen Menschen und Energien, aber ohne oberflächlich zu werden oder sich zu verzetteln.

Spirituell: Bleiben Sie beharrlich bei Ihrem Weg der Suche nach den großen Lebenswahrheiten, auch wenn sich konkrete Ergebnisse oder Erfahrungen nicht sofort einstellen.

Violett

Physisch:
Ihr Körper braucht einen oder befindet sich momentan in einem durchgreifenden Reinigungsprozess. Ihre beiden Gehirnhälften, die Hemisphären, beginnen, synchron zueinander zu schwingen und sich aufeinander zu beziehen. Sexuell sind Sie ausgeglichen, vielleicht mit einer Neigung dazu, schwärmerisch zu sein.

Emotional:
Sie interessieren sich für Übersinnliches, Mystik, Magie und Metaphysik. Sie hegen eine große Selbstachtung und sind in der Lage, sich über Hass, Ärger und Wut zu erheben. Sie können Ihre negativen Gedanken transformieren. Sie sind intuitiv und medial veranlagt.

Seelisch:
Sie sind eine alte Seele und können Erfahrungen, die Sie aus früheren Leben mitgebracht haben, wieder aktivieren und intuitiv anwenden. Sie können kosmische Energien durch Alchemie, Mystik oder Meditation erschließen und sinnvoll anwenden.

Karmische Aufgaben:

Körperlich:	Sorgen Sie dafür, dass Ihr Organismus sich immer wieder einmal erholen und von Grund auf reinigen kann.
Emotional:	Genießen Sie feine, höhere Gefühle und Stimmungen, ohne dabei den Kontakt zur Alltagsrealität zu verlieren.
Spirituell:	Nutzen Sie Ihre mediale Veranlagung auf verantwortliche Weise zum Wohl vieler Menschen.

Türkis

Physisch:
Sie haben die Gabe, klar zu denken und Ihre Gedanken sprachlich gewandt umzusetzen. Sie können mit anderen Menschen sicher kommunizieren. Wenn Sie zwar den Wunsch danach spüren, aber sich in dieser Fähigkeit blockiert empfinden, sollten Sie überprüfen, ob Sie in elektromagnetischen Störfeldern schlafen oder arbeiten (Computer, Fernseher, Radiosender, geopathische Störzonen, Wasseradern etc.).

Emotional:
Sie können Verstand und Gefühle gut in Einklang bringen. Ihr Wahrnehmungsvermögen ist stark ausgeprägt, und Sie erkennen größere Zusammenhänge überraschend schnell. Ihr Gefühlsleben wirkt harmonisch und von einer höheren Ebene gut gesteuert.

Seelisch:
Sie stehen für die Wahrheit ein und sind sehr aufrichtig. Sie werden nicht leicht durch negative Kräfte gestört oder geschwächt.

Karmische Aufgaben:

Körperlich:	Schützen Sie sich vor zu großen geopathischen oder elektromagnetischen Störfeldern und Belastungen.
Emotional:	Versuchen Sie, Ihre gedankliche Klarheit und schöpferische Ausdruckskraft mit Herzenswärme zu verbinden.
Spirituell:	Lernen Sie, Bewusstseinserfahrungen bewusst zu suchen, bewusst wahrzunehmen und bewusst zu beschreiben.

Lemon

Physisch:
Sie neigen dazu, Erkrankungen und vor allem Erkältungen zu verschleppen bzw. nicht genügend auszukurieren. Regen Sie Ihren Lymphfluss an, nehmen Sie Wechselbäder oder Wechselduschen, lassen Sie sich eine Lymphdrainage geben.

Emotional:
Sie versuchen, Lebenssituationen lieber mit dem Verstand zu bewältigen, als sie in Ihren Gefühlen auszuleben. Vielleicht haben Schicksalsschläge Sie veranlasst, frühzeitig zu resignieren, oder Sie haben sich aufgrund Ihrer Lebenserfahrungen entschieden, sich vor allem um sich selbst zu kümmern.

Seelisch:
Sie haben die Chance, vergeben zu lernen – sich selbst, anderen, dem Leben, den Schicksalskräften: Denn Sie werden erkennen, dass Ihr Leben letztlich mit Ihren eigenen vergangenen sowie andauernden Lebenshaltungen und Gefühlseinstellungen zu tun hat. Gestatten Sie sich, auch auf Ihre Gefühle und Ihre innere Stimme zu hören, und gönnen Sie es sich, zu weinen.

Karmische Aufgaben:

Körperlich: Stärken Sie Ihre Abwehrkräfte – durch gesunde Ernährung, viel klare Flüssigkeit und Aktivierung der Thymusdrüse, z. B. durch Bestrahlung mit Lemon.

Emotional: Wenden Sie Ihre innerlich neutrale Gedankenkraft sinnvoll an, um Probleme zu erkennen und zu lösen.

Spirituell: Lassen Sie den mentalen Einsichten über seelische Entwicklungswege auch eigene Taten folgen.

Rosa

Physisch:
Sie sind sehr empfindlich. Sie erleben und erleiden oft körperlich mit, was dem Nächsten fehlt.

Emotional:
Sie lieben selbstlos und setzen sich gern für andere ein. Sie haben gelernt, instinkthafte Wünsche zu transformieren und ihre Energie liebevoll für andere Menschen zu geben. Manchmal neigen Sie aber auch zu Sentimentalitäten. Sie können Ihrer Familie und Ihren Freunden viel Herzenswärme geben.

Seelisch:
Sie sind auf dem Weg zu erkennen, dass Sie persönliche Schicksalsschläge transformieren können.

Karmische Aufgaben:

Körperlich:	Gönnen Sie sich Ruhe und Bequemlichkeit, ohne dabei träge zu werden.
Emotional:	Folgen Sie Ihrem Harmoniebedürfnis, ohne dadurch unrealistisch in Bezug auf andere Menschen oder Lebensumstände zu werden.
Spirituell:	Öffnen Sie sich den sanften, zarten, mitfühlenden Energien in Ihnen, um einen Zugang zu überpersönlichen und übersinnlichen Ebenen zu gewinnen.

Magenta

Physisch:
Gönnen Sie sich eine Erholungspause. Sie muten sich oft zu viel zu. Ihre Energiereserven sollten wieder aufgefrischt werden.

Emotional:
Sie möchten gern mit Ihrer Kraft und Ihrer Präsenz das Gefühlsleben anderer Menschen ausgleichen und harmonisieren. Bitte übernehmen Sie sich dabei aber nicht. Sie lieben es, für andere Menschen aktiv zu sein und ihnen auf immer wieder neue Weise zu helfen.

Seelisch:
Sie glauben manchmal, dass Sie selbst über den Fluss Ihrer Lebensenergie allein durch Ihren starken Willen bestimmen können. Sie müssten einen natürlichen Ausgleich finden zwischen Ihrem legitimen Selbstvertrauen einerseits und der demütigen Öffnung für überpersönliche, kosmische oder göttliche Kräfte andererseits.

Karmische Aufgaben:

Körperlich:	Genießen Sie delikate Sinnlichkeit.
Emotional:	Öffnen Sie sich für neue Gefühlsqualitäten und Möglichkeiten der zwischenmenschlichen Kommunikation.
Spirituell:	Suchen Sie nach anderen, wirksameren Wegen zur Selbstverwirklichung als bisher.

Weiß

Physisch:
Sie sind entweder vollkommen gesund, oder Sie haben das unmittelbare Gespür für Ihre Körperlichkeit etwas verloren. Im Krankheitsfalle möchten Sie schnell von Ihren Beschwerden befreit sein und nehmen deshalb auch gern drastische Heilweisen und heftige Reaktionen in Kauf.

Emotional:
Sie haben erfahren, dass selbstlose Liebe Sie am glücklichsten macht. Aber Sie haben möglicherweise auch etwas Angst, sich auf einen lebendigen, schöpferischen und nicht immer kontrollierbaren Gefühlsaustausch einzulassen.

Seelisch:
Sie sind auf der Suche nach Selbsterfahrung und Selbstverwirklichung. Sie wissen, dass das weiße Licht Ihnen ein Wegweiser und eine Lebenshilfe ist, auch in der Meditation.

Karmische Aufgaben:

Körperlich:	Nehmen Sie Ihre Körperlichkeit als ein schöpferisches Geschenk an, das nicht geringgeachtet werden sollte.
Emotional:	Lassen Sie sich vertrauensvoll auf die Prozesse von Nehmen und Geben ein, ohne zu befürchten, dass Ihr Wesenskern davon ungünstig berührt werden könnte.
Spirituell:	Fördern Sie sich selbst in jeder geeigneten Weise, um noch mehr weißes kosmisches Licht in sich aufzunehmen und durch sich ausstrahlen lassen zu können.

Gold

Physisch:
Sie möchten vor Vitalität nur so strotzen und über die vollkommene Gesundheit verfügen.

Emotional:
Sie arbeiten daran, Ihre Ego-Energien zu transformieren und ein ideales Gemütsleben zu entwickeln.

Seelisch:
Sie haben erfahren, was wahre Werte im Leben sind. Sie haben Ihr Leben darauf hinorientiert, in diesem Leben Erleuchtung zu erlangen und Ihr Karma bzw. Schicksal zu meistern.

Karmische Aufgaben:

Körperlich:	Achten Sie auf Ihre Gesundheit, und verwöhnen Sie sich ruhig öfters, ohne in eine falsche Bequemlichkeit zu fallen.
Emotional:	Gestehen Sie sich Ihre Sehnsucht nach höchster Erfüllung ruhig ein, und fördern Sie mit Affirmationen und Visualisationen deren Verwirklichung.
Spirituell:	Greifen Sie getrost nach der Sonne und den Sternen. Nehmen Sie die höchsten schöpferischen Kräfte vertrauensvoll und demütig in Anspruch, um Ihrem Leben einen Sinn zu geben.

2. Farben für die spirituelle Entwicklung

Einige Farben helfen mit ihren Schwingungen auf besondere Weise, emotionale und seelische Blockaden zu lösen, uns innerlich und äußerlich zu öffnen und unsere Bewusstseinsentwicklung zu fördern. Man könnte sie spirituell wirkende Farben nennen. Ich habe mit den unten angeführten Farben besonders gute Erfahrungen gemacht, sowohl in der Naturheilpraxis wie in Farbseminaren.

Die angeführten Schlüsselworte stellen aus einem anderen Gesichtswinkel erneut das dar, was unter der Überschrift »Karmische Aufgaben« zuvor angesprochen wurde. Es spielt keine große Rolle für diesen speziellen Zweck der Unterstützung der Bewusstseinsentfaltung, ob Sie mit und über diese Farben meditieren, sich damit bestrahlen (was nicht bei allen geht, z. B. Gold) oder ob Sie Ihre Kleidung, Ihre Wohnung, Ihre Bilder, Ihre Autofarbe usf. danach bestimmen. Die folgenden Schlüsselworte dienen nicht der medizinisch unmittelbar wirkenden Farbtherapie; Informationen dazu finden Sie im nächsten Kapitel.

Schlüsselworte zur spirituellen Bedeutung einiger Farben

Gold:
Göttliche Schöpferkraft, Liebe und Vollendung.

Weiß:
Reinheit, Klarheit und Erleuchtung.

Rosa:
Entwicklung von Sanftmut und Herzenswärme, überpersönlicher Liebe und Mitgefühl.

Magenta:
Mediale Öffnung und Verstärkung bereits vorhandener übersinnlicher Kräfte.

Orange:
Stärkung des Lebensmuts und der Fähigkeit, das eigene Schicksal anzunehmen und zu bewältigen.

Grün:
Allgemeine Harmonisierung und Hilfe, die eigene Mitte zu finden.

Türkis:
Geistige Klarheit und schöpferische Ausdruckskraft.

Blau:
Ruhe und Stärkung von überpersönlichen Heilkräften.

Indigoblau:
Tiefe in der spirituellen Meditation und Hinwendung zu rein geistigen Bewusstseinsdimensionen.

Violett:
Tiefe Reinigung für Körper, Geist und Seele und Öffnung für kosmische und spirituell-magische Kräfte.

Irisierend, Perlmuttglanz:
Freude an der Vollkommenheit der Schöpfung und Fähigkeit, das eigene Leben ganzheitlich zu leben.

3. Chakrameditationen

Der Sinn dieser Meditationsübungen besteht darin, zu spüren, dass es in unserem Energiekörper Verdichtungszonen gibt, durch welche unser Bewusstsein harmonisierend, stimulierend oder beruhigend wirken kann. Wir stellen fest, dass es subtile Energieprozesse gibt, die zwischen diesen Verdichtungszonen im Energiekörper und unserem physischen Körper ablaufen. Darüber hinaus vertiefen wir bereits zuvor erlangte Erfahrungen, dass Aufmerksamkeit willentlich gelenkt werden kann und dass wir unser bewusstes Sein (fast) beliebig verlagern können.

- Sie führen die Übung im Sitzen oder im Liegen durch. Wenn Sie müde sind und sich aktivieren wollen, können Sie liegen. Wenn Sie relativ wach sind und bewusstseinserweiternde Erfahrungen anstreben, sitzen Sie besser.
- Lassen Sie Ihren Körper entspannt und aufmerksam zugleich zur Ruhe kommen. Gönnen Sie sich am Beginn der Übungsfolge 1–2 Minuten Pause, Stille, Frieden.
- Wenden Sie Ihre Aufmerksamkeit nun nacheinander auf die körperlichen Entsprechungszonen für die Chakras.
- Spüren Sie in und um den Bereich des Steißbeins hinein, also unterhalb des Sitzfleisches. Was sehen oder hören oder fühlen Sie dort? Dunkelheit, Licht, Kribbeln, etwas anderes?
- Stellen Sie sich dann vor, dass in dieser Zone eine dunkelrote, glimmende, angenehm wärmende Glut neue Kraft und tiefes Vertrauen in Ihr Leben vermittelt.
- Verändert sich Ihr Gefühl in dieser Zone? Wenn ja, wie?
- Spüren Sie jetzt in den Beckenbereich. Was sehen oder hören oder fühlen Sie dort? Dunkelheit, Licht, Kribbeln, etwas anderes?
- Stellen Sie sich vor, dass in dieser Zone eine orangerote Sonne aufgeht, die Ihre schöpferischen Fähigkeiten anregt.

- Verändert sich Ihr Gefühl in dieser Zone? Wenn ja, wie?
- Spüren Sie danach in den Bauch, im Bereich des Solarplexus. Was sehen oder hören oder fühlen Sie dort? Dunkelheit, Licht, Kribbeln, etwas anderes?
- Stellen Sie sich nun vor, dass diese Zone eine einzige grüne Wiese ist, ein leuchtendes Grün, das Gefühle beruhigt und harmonisiert.
- Verändert sich Ihr Gefühl in dieser Zone? Wenn ja, wie?
- Richten Sie Ihre Aufmerksamkeit nun in den Bereich des Brustraums, nicht auf das physische Herz, sondern in die Mitte, um das Brustbein herum. Was sehen oder hören oder fühlen Sie dort? Dunkelheit, Licht, Kribbeln, etwas anderes?
- Stellen Sie sich vor, dass in dieser Zone eine goldene Sonne aufgeht und Ihren Brustraum durchstrahlt, nach innen und außen zu gleich. Diese Sonne sendet Schwingungen der Liebe.
- Verändert sich Ihr Gefühl in dieser Zone? Wenn ja, wie?
- Spüren Sie dann hinein in den Bereich des Halses und den Kehlkopf. Was sehen oder hören oder fühlen Sie dort? Dunkelheit, Licht, Kribbeln, etwas anderes?
- Stellen Sie sich nun vor, dass dort ein türkisblauer Edelstein funkelt, der mit seinen Strahlen in dieser Zone eine wunderbare Klarheit der Gedanken vermittelt.
- Verändert sich Ihr Gefühl in dieser Zone? Wenn ja, wie?
- Spüren Sie danach in den Bereich hinter der Stirn, zum sogenannten »dritten Auge«. Was sehen oder hören oder fühlen Sie dort? Dunkelheit, Licht, Kribbeln, etwas anderes?
- Blicken Sie mit geschlossenen Augen in die Mitte dessen, was vor und zwischen den Augenbrauen ist. Vielleicht hilft Ihnen die Vorstellung, dass Sie in einen funkelnd besternten dunkelblauen Nachthimmel schauen.
- Verändert sich Ihre innere Wahrnehmung, weitet sich Ihr innerer Blick? Sehen Sie Blitze, Lichtringe, eine

strahlende Sonne, einen mild glänzenden Mond oder andere Lichterscheinungen?

- Richten Sie nun Ihr Bewusstsein nach oben, auf die Mitte des Kopfes oder über den Kopf. Was sehen oder hören oder fühlen Sie dort? Dunkelheit, Licht, etwas anderes?
- Öffnen Sie sich für ein strahlendes weißes Licht, das über Ihren Kopf in Sie hinein- und durch Sie hindurchflutet.
- Verändert sich Ihre Befindlichkeit? Sind Sie derselbe Mensch wie zu Beginn der Übung? Oder hat sich irgend etwas verändert? Hat sich Ihr bewusstes Sein verändert?
- Beenden Sie die Übung mit einem dreimaligen vertieften Einatmen, während Sie sich wieder dem Ort Ihres Körpers zuwenden und der Umwelt, in der Sie sich befinden. Atmen Sie lieber ein paarmal mehr und tiefer durch, um wieder ganz im Hier und Jetzt zu sein!

VII.

Heilen mit Farben

Farbe wirkt, egal ob Sie daran glauben oder nicht! Das gilt übrigens auch für Homöopathie, Akupunktur, Zellsalze und Bachblüten.

Farbbestrahlung wirkt unmittelbarer als Farbanwendung über Kleidungsstücke, Nahrungsmittel oder Einrichtungsgegenstände. Die Farbbestrahlung sollte immer direkt auf bzw. über der Haut erfolgen, ohne Kleidungsstücke zwischen Farblichtquelle und Haut. Bei offenen Wunden oder schmerzhaften Körperstellen bestrahlt man über der Haut, nicht direkt darauf. Andernfalls sind Farb-Punktbestrahlung oder Farbakupunktur ratsam, weil sie besonders wirksam sind. In manchen Fällen wird man auch Ganzkörperbestrahlung wählen bzw. die Farblichtaufnahme nur über die Augen.

1. Die wichtigsten Heilfarben

Die Informationen in diesem Kapitel dienen als Hilfen, um die Heilkräfte von Licht und Farben im Rahmen einer natürlichen Komplementär-Medizin verantwortlich einzusetzen. Die Heilwirkungen von Licht und Farben sind seit Jahrtausenden bekannt. Die folgenden Ausführungen entstammen zum großen Teil eigenen Erfahrungen in meiner Naturheilpraxis, aber auch dem Erfahrungsaustausch mit anderen naturheilkundlichen und schulmedizinischen Therapeuten sowie den Berichten von Patienten und Seminarteilnehmern.

Ich möchte dazu anregen, wieder mehr zu den natürlichen Heilmitteln und Heilweisen der Natur zurückzugreifen. Man könnte getrost auch sagen: zur schöpferischen Heilkunde unter höherer, göttlicher Führung. Dr. Edward Bach hat in seinem Werk immer wieder darauf hingewiesen, dass eine wohlgeordnete Schöpfung, die von einem intelligenten Schöpfergeist beseelt ist, selbstverständlich auch Sorge getragen hat, natürliche Heilweisen zur Behandlung und Selbstbehandlung im Schöpfungsplan vorzusehen.

Das entbindet natürlich weder Sie noch mich davon, bei allen Leiden und Beschwerden sehr sorgfältig zu erwägen, welche Methoden, Therapien und Medikamente wir anwenden sollten. Und genauso natürlich ist es für mich, dass wir auch im Bereich der Gesundheit den Rat kompetenter, aufgeschlossener und seriöser Therapeuten suchen, die eine Ganzheitsmedizin anstreben, weil sie wissen, dass der Mensch auf allen Ebenen – Körper, Geist und Seele – behandelt werden muss, weil alle Ebenen ineinandergreifen.

Heilfarbe Grün

- kann akute Stauungen und Blockaden heilen;
- kann heiße, entzündliche, schwellende, schmerzhafte und »rote« Krankheitsprozesse lindern und heilen;
- wirkt günstig für überanstrengte Augen und stärkt den Seh-Purpur;
- kann Stimmungsschwankungen harmonisieren und bei Unzufriedenheit und Ungeduld neues Gleichgewicht schaffen;
- regt die Hirnanhangdrüse (Hypophyse) an und harmonisiert sie (die Hypophyse ist neben der Epiphyse die wichtigste Steuerungsdrüse für unser gesamtes Drüsensystem und damit auch für die Chakras! Diese wiederum wirken wesentlich auf die Aura ein – hier schließen sich also mehrere Kreise);
- fördert die Neubildung von Muskel- und Bindegewebszellen;
- zerstört Keime und Bazillen;
- reinigt und hemmt Zerfall und Verwesung;
- wirkt antiseptisch;
- wirkt ähnlich wie Chlorophyll, einer Basis für unsere Sauerstoffaufnahme;
- schützt vor unerwünschten Gedankeneinflüssen.

Grün ist die wichtigste Heilfarbe.

Heilfarbe Rot

- kann bereits degenerierte Funktionen des Organismus wiederbeleben;
- regt den Stoffwechsel an und fördert die Ausscheidung;
- bringt Schlackenstoffe durch die Haut zur Ausscheidung und verursacht deshalb Hautröte, Pickel und Jucken bis zur Reinigung;
- kann die körperliche Leistungsfähigkeit steigern, kann aber auch aufregen und überreizen;
- wärmt (rote Unterwäsche und Socken wärmen mehr als andere);
- regt das sensorische Nervensystem an, welches für Sehen, Hören, Fühlen und Schmecken zuständig ist;
- stärkt die Lebertätigkeit (entspricht Vitamin B 12);
- fördert die Hämoglobinbildung.

Nach dem Dinshah-System wirkt Rot bei Verbrennungen durch Röntgen- und UV-Strahlen.
Rot muss in der Farbtherapie sehr behutsam und gezielt eingesetzt werden, da es hochwirksam ist und leicht zu Überreaktionen führen kann.

Heilfarbe Orange

- kann Lebensfreude vermitteln und allgemein problemlösend, öffnend und aktivierend wirken;
- löst Gase und Blähungen im Verdauungstrakt (wirkt karminativ);
- regt die harmonische Magentätigkeit an, hilft bei der Entgiftung und Entleerung des Magens;
- lindert bzw. löst Krämpfe und Muskelschmerzen;
- ist wichtig für die Lunge und regt den Atemtrakt an;
- wirkt gegen Schluckauf;
- hilft gegen Rachitis und stärkt Knochen- und Zahnaufbau;
- entspricht der Wirkung von Calcium;
- fördert die Tätigkeit der Schilddrüse und wirkt aktivierend;
- hilft in der Schwangerschaft.

Manche älteren Quellen sagen, dass sich Orange bei der Behandlung von Tuberkulose bewährt habe.

Heilfarbe Gelb

- regt den Darm und die Bauchspeicheldrüse (auch bei Diabetes) an;
- unterstützt die Leber bei der Gallensaftproduktion und fördert die Entgiftung des Organismus;
- wirkt anregend auf Magen und Nieren;
- regt den Stuhlgang an;
- hilft, Würmer und Parasiten auszutreiben;
- fördert den Lymphfluss;
- regt das vegetative und motorische Nervensystem an;
- hilft bei Lähmungserscheinungen;
- kann bei Teilnahmslosigkeit und Mangel an Interesse an der Gegenwart wieder die aktive Zuwendung zur Welt fördern;
- kann bei Resignation neue Hoffnung wecken, auch bei Kranken, die ihre Heilung aufgegeben haben;
- kann über das Sonnengeflecht den Lebensantrieb stärken;
- beruhigt die Milz.

Manche Therapeuten sagen, dass Gelb auch Augen und Ohren stärkt. Unter Umständen soll es auch bei Arthritis und Neuritis helfen.

Heilfarbe Lemon

- verwendet man bei allen chronischen Beschwerden, um Stauungen und Blockaden wieder ins Fließen zu bekommen;
- hilft, Schleim abzuhusten;
- wirkt reinigend für die Bronchien (und als Expectorant);
- regt die Thymusdrüse an und stimuliert dadurch das Immunsystem;
- fördert die Hirntätigkeit und den Gedankenfluss;
- hilft, manche Blutgerinnsel zu lösen;
- wirkt leicht abführend und regt das Verdauungssystem an;
- unterstützt das motorische Nervensystem (hilft auch als Ergänzung zu anderen Naturheilweisen bei Parkinson*);
- unterstützt die Gehirnfunktionen (hilft auch als Ergänzung zu anderen Naturheilweisen bei Alzheimer*).

Lemon hilft generell, stagnierende Prozesse und blockierte psychosomatische Funktionen wieder in Fluss zu bringen.

** Beide Krankheiten weisen Zusammenhänge mit Aluminium im Gehirn auf. Deshalb auf keinen Fall Aluminiumtöpfe und -geschirr verwenden oder aluminiumhaltige Mittel benutzen (Kosmetika).*

Heilfarbe Türkis

- beruhigt überschießende Gedanken und mentale Nervosität;
- wirkt harmonisierend auf die Schilddrüse;
- ist günstig bei Ermüdung aufgrund von Belastungen durch Giftstoffe im Körper;
- hilft bei Kopfschmerzen wegen Müdigkeit;
- bewährt sich bei geistigen Erschöpfungszuständen sowohl durch Stress wie durch »elektromagnetischen Smog« (lange Arbeit vor nicht abgeschirmten Computern, lange Fernsehabende, Aufenthalt in der Nähe von Sendern und Radarstationen etc.);
- harmonisiert übersteigertes sexuelles Verlangen (siehe auch Purpur);
- hilft nach Sonnenbrand, neue Haut aufzubauen;
- stellt eine Brücke zwischen Erde und Äther dar.

Heilfarbe Blau

- kann den Blutdruck senken;
- hilft bei nervösen Hautallergien;
- beruhigt, klärt geistig und kann emotionale Hitzigkeit ausgleichen;
- kann nervös bedingte Organbeschwerden und Verkrampfungen lösen;
- hilft, ruhiger zu schlafen (benutzen Sie ruhig auch blaue Bettwäsche);
- kann Fieber senken und Entzündungen lindern (wirkt antiphlogistisch); Dinshah sagt, dass Blau bei Fieber schweißtreibend wirken soll und so Giftstoffe auszuscheiden helfe;
- regt die Zirbeldrüse (Epiphyse) an und baut dadurch neue Vitalität auf (die Epiphyse ist neben der Hypophyse – siehe Heilfarbe Grün – die wichtigste Steuerungsdrüse für unser »endokrines« Drüsensystem).

Heilfarbe Indigoblau

- beruhigt eine überaktive Schilddrüse;
- harmonisiert eine unregelmäßige, heftige Atmung;
- lindert Hämorrhoiden (dort bestrahlen!);
- wirkt zusammenziehend (adstringierend);
- kann Sekretionen stoppen und damit die Ausbreitung von Abszessen verhindern;
- fördert die Bildung von Phagozyten (notwendige »Fresszellen«, die Mikroorganismen »vertilgen«) und hilft deshalb bei der schnelleren Wundheilung;
- senkt eine evtl. zu starke Milchproduktion der Frau;
- wirkt beruhigend bei zu viel Aufregung und Überaktivität;
- lindert starke, akute Schmerzen;
- hilft, Schwellungen und Tumore abklingen zu lassen bzw. zu reduzieren;
- kann Nasenbluten stoppen;
- unterstützt die Heilung bei Nervenentzündungen (im Wechsel mit Türkis bestrahlen).

Indigoblau ist ein tiefes Blau, das mit etwas Violett vermischt ist.

Heilfarbe Violett

- wirkt zur Reinigung des Organismus, sowohl bei äußerlich sichtbaren Unreinheiten (z. B. Akne) wie bei nur innerlich empfundenen Gefühlen, sich irgendwie reinigen zu wollen;
- steigert die Milztätigkeit und damit die Abwehrkräfte des Körpers;
- wirkt beruhigend auf Herz- und andere Muskel;
- harmonisiert eine überaktive Bauchspeicheldrüse;
- gleicht überbeanspruchte Lymphdrüsen aus;
- fördert die Leukozytenbildung (weiße Blutkörperchen, die als »Polizei« für die körpereigenen Abwehrkräfte sorgen – sie sehen im Blutbild interessanterweise oft violett aus!);
- fördert den Schwingungsausgleich (die Synchronisation) zwischen den beiden Gehirnhälften;
- kann (wie Magenta, Weiß und Gold) zur Bewusstseinsöffnung für nichtmaterielle Erfahrungen und zur Anregung von Intuition und Inspiration dienen;
- beruhigt bei Nervenüberreizung, ist also chemisch-pharmazeutischen »Tranquilizern« vorzuziehen.

Heilfarbe Magenta

- wirkt als »Notfallfarbe« bei Kreislaufschwächen, Ohnmacht, plötzlichen Zusammenbrüchen;
- »ionisiert« Herz und Nieren, wirkt also anregend, ohne zu überreizen oder aufzuregen;
- fördert den Blutkreislauf, ohne den Blutdruck zu beeinflussen (während Rot erhöht und Blau senkt);
- »tonisiert« alle Sexualorgane bei Mann und Frau;
- kann spirituell harmonisierend und ausgleichend bei emotionalen Ausbrüchen wirken;
- kann als lebensfördernde und vitalisierende Heilfarbe wirken, auch bei Fernheilungen, Radionik-Anwendungen und dergleichen (auf Fotos, Unterschrift oder Haarprobe);
- wirkt als Schutzfarbe bei metaphysischen »Angriffen«;
- hilft in der Schwangerschaft, das ungeborene Leben vor äußeren und medialen Einflüssen auf dessen Emotional- und Lichtkörper zu schützen.

Mit Magenta bestrahltes Quellwasser soll neue Energien vermitteln können. Ich kann auf jeden Fall aus eigener Erfahrung sagen, dass solches Wasser wesentlich besser schmeckt.

Achtung: Wenn man zu viel mit Magenta arbeitet, verliert man Aurakräfte und muss »neu aufgeladen« werden – mit Grün!

Magenta: Rot und Violett.

Heilfarbe Purpur

- wirkt einschläfernd;
- fördert den Venenfluss;
- senkt den Blutdruck (weil sich die Gefäße erweitern, die Pumptätigkeit des Herzens und damit der Herzschlag verlangsamt, eine Überaktivität von Nieren und Nebennieren vermindert wird und damit auch der Adrenalinausstoß);
- hilft bei Fieber und hohem Blutdruck aufgrund von Malaria und ähnlichen Anfällen;
- kann den Blutdruck zwischen Herz und Lunge reduzieren;
- lindert bei einigen »trockenen« Hustenformen;
- reguliert übermäßige Libido (Anaphrodisiakum).

Purpur: Violett und Magenta.

Heilfarbe Scharlachrot

- wirkt anregend für die Herz- und Nierentätigkeit;
- fördert den Blutfluss in den Arterien;
- stärkt den Blutdruck (zieht die Blutgefäße zusammen, wirkt also »vasokonstriktiv«, steigert den Herzschlag, regt die Funktionen von Nieren und Nebennieren an);
- beschleunigt den Geburtsvorgang;
- regt emotional an;
- wirkt aphrodisierend, steigert also Libido und Sinnlichkeit;
- regt die Fortpflanzungsorgane an (auch in fortgeschrittenem Alter);
- lindert Periodenschmerz und regt den Mensesfluss an (»emmanogog«);
- lindert Sinusitisprobleme;
- wirkt lösend bei Stauungen, Steinen und Kristallablagerungen (Lumbago, Arthritis u.a.) im Wechsel mit Lemon.

Scharlachrot: Rot und Magenta.

Heilfarbe Weiß

- zur Öffnung für höhere Bewusstseinsdimensionen;
- zur Klärung, Reinigung und Vervollkommnung;
- für die Bestrahlung der Scheitelzone (des Kronenchakras), wenn man sich noch nicht über eine spezifische Farbe im Klaren ist; das kann aber zu schnellen und überaus heftigen Reaktionen führen; man sollte vorher Grün oder Lemon anwenden. Der Körper »filtert« sich sozusagen die Farbe heraus, die er braucht.

Heilfarbe Gold

- wird vor allem in verschiedenen Meditationen eingesetzt (siehe Heilmeditationen mit dem inneren violetten und goldenen Licht, Seiten 89 ff. und 91 ff.). Goldschmuck kann ebenso eine, allerdings etwas andere und manchmal abgeschwächte, Heilwirkung haben;
- zur Stärkung der Vitalität und des Lebensmuts sowie der Selbstheilungskräfte;
- wenn man andere Metalle nicht verträgt. Wenn man Gold nicht verträgt, sollten Sie einen kompetenten homöopathischen Behandler um Rat fragen, welche alten Fehlmuster erst noch aufgelöst werden müssen.

2. Beispiele für Therapievorschläge

Wie schon zu Beginn dieses Kapitels angeführt, dient Farbtherapie als eine Form der natürlichen Heilweisen. Oft ist es sinnvoll, verschiedene Therapien miteinander zu verbinden, um möglichst alle betroffenen Schwingungsebenen anzusprechen. Homöopathie, die Zellsalztherapie, Bachblüten und Meditation sowie vor allem eine gesunde, möglichst natürliche Lebensweise mit viel frischer Luft, Sonne und gutem Wasser sind Grundlagen einer »Natürlichen Komplementär-Medizin«. Diese Form einer naturgemäßen und naturnahen Ganzheitsmedizin habe ich als die sinnvollste Medizin für bewusst lebende Menschen erkannt und entwickelt. Dabei durfte ich mich auf wesentliche Forschungsarbeiten und Praxiserfahrungen vieler anderer Heiler stützen. Im Rahmen der von mir begründeten internationalen Gesellschaft für »Natürliche Komplementär-Medizin« findet ein ständiger Austausch zwischen Behandlern der verschiedenen Disziplinen, auch mit geistig offenen Vertretern aus der Schulmedizin statt, sowie natürlich auch mit Patienten!

Die folgenden Therapievorschläge dienen als Anregung. Bitte verwenden Sie sie entsprechend verantwortlich – vor allem wenn Sie sich selbst behandeln. Suchen Sie bitte bei Bedarf auf jeden Fall einen kompetenten Behandler auf. Der Fachverband der deutschen Heilpraktiker e. V. kann Ihnen geprüfte und seriöse Heilpraktiker bzw. Farbtherapeuten in Ihrer Wohnnähe angeben. (Fachverband der deutschen Heilpraktiker e.V., Maarweg 10, 53123 Bonn; Tel. 0228/611049; www.heilpraktiker.org)

Die folgenden Anregungen ersetzen auf keinen Fall eine etwa notwendige medizinische kompetente Behandlung durch einen Heilpraktiker bzw. einen Arzt!

Mit Quarzpyramidenfokus bestrahlt man ca. 1–2 Minuten; mit Spot- oder Zonenbestrahlung 30–120 Minuten.

Behandlungshinweise aus der Heilpraxis

Akne

1. Farbe Violett wird, am besten mit Pyramidenfokus, auf die Mitte des Scheitelchakras gestrahlt.
2. Farbe Gelb wird in der Mitte des unteren Rippenbogens, links und rechts, auf die Leber gestrahlt (Leberakupunkturpunkte) sowie hinten auf die Nierenpole.

Aktivität

Bei Überfunktion:
1. Farbe Indigo auf das dritte Auge zur Beruhigung.
2. Farbe Purpur auf Nieren- und Nebennierenpole.

Bei Unterfunktion:
Farbe Scharlachrot auf Herz und Nierenpole.

Bei hyperaktiven Kindern kommen als Ursache für Überaktivität vor allem zu viel Phosphor in der Nahrung (Tiefkühlkost!) oder Würmer (siehe dort) infrage.

Allgemeine Anregung und Normalisierung des Säftehaushalts (Funktionsausgleich und Anregung der innersekretorischen Drüsen)

1. Farbe Grün auf das dritte Auge strahlen.
2. Farbe Türkis auf das Kehlkopfchakra (Schilddrüse) strahlen.

3. Farbe Gelb an die Leber strahlen (Punkte siehe Akne).
4. Farbe Violett an die Milz strahlen.
5. Farbe Orange auf die Mitte der Schamhaargrenze.
6. Farbe Rot an das Steißbein bzw. Kreuzbein strahlen.

Asthma

Während eines Anfalls:
1. Farbe Purpur als Zonenbestrahlung auf Hals und Brust.
2. Farbe Scharlach als Spotbestrahlung an die Nieren.
3. Farbe Orange als Zonenbestrahlung auf Hals und Brust.

Zwischen den Anfällen:
1. Farbe Magenta an Nieren, Brust und Rücken.
2. Farbe Orange auf Hals und Brust.

Bei chronischem Asthma:
Farbe Lemon statt Farbe Orange.

Blähungen

1. Farbe Orange rund um den Bauchnabel.
2. Farbe Orange als Spotbestrahlung auf Leber und Bauchspeicheldrüse.

Blasenbeschwerden

Farbe Orange an die Nierenpole strahlen.

Bei Bettnässen:
1. Farbe Indigo auf das dritte Auge strahlen.
2. Farbe Indigo links und rechts auf die Leisten strahlen.

Blutarmut

Farbe Rot auf die Leber strahlen.

Blutdruckregulierung

Bei zu hohem Blutdruck:
1. Farbe Purpur auf das Herz und auf die Nieren strahlen.
2. Farbe Blau unter die Achselhöhlen strahlen.

Bei zu niedrigem Blutdruck:
1. Farbe Scharlachrot auf das Herz und auf die Nierenpole strahlen.
2. Farbe Gelb oberhalb des Herzens, links oben zwischen Herz und Schlüsselbein strahlen, mit Pyramidenfokus.

Blutzuckerausgleich

Bei Unterzucker (Hypoglykämie):
1. Farbe Lemon auf Thymusdrüse, Brustbein und Solarplexus strahlen.
2. Farbe Grün an das dritte Auge strahlen (Pyramidenfokus).
3. Farbe Orange an das Kehlkopfchakra (Schilddrüse).
4. Farbe Rot an die Leber strahlen.
5. Farbe Violett an die Bauchspeicheldrüse und die Nierenpole strahlen (mit Pyramidenfokus).
6. Farbe Gelb um den Bauchnabel herum strahlen.

Bei Überzucker (Neigung zu Diabetes):
1. Farbe Lemon auf Thymusdrüse, Brustbein und Solarplexus strahlen.
2. Farbe Gelb an Leber, Bauchspeicheldrüse und um den Bauchnabel herum strahlen.

3. Farbe Magenta vorn an die Spitze der großen Zehen strahlen. Oft wird bei Überzucker ein Mangel an Chrom festgestellt.

Bronchitis

Bei akuter Bronchitis:
1. Farbe Türkis als Zonenbestrahlung auf die Brust.
2. Farbe Violett bei trockenem Husten (auf genügend Luftfeuchtigkeit achten).

Bei chronischer Bronchitis:
1. Farbe Lemon als Farbakupunktur auf Thymusdrüse.
2. Farbe Blau danach ebenso.
3. Farbe Violett bei trockenem Husten.

Zur Genesung:
1. Farbe Lemon als Farbakupunktur auf Thymusdrüse.
2. Farbe Gelb als Farbakupunktur zwischen die Schulterblätter am Rücken.
3. Farbe Türkis als Zonenbestrahlung auf die Brust.

Brüche (Ausheilen von Brüchen)

Farbe Lemon lang anhaltend auf die betroffenen Stellen strahlen.

Durchfall

Kamillentee mit Salz, um Flüssigkeits- und Salzverlust auszugleichen (nur wenn keine medizinische bzw. homöopathische Behandlung erfolgt).

1. Farbe Gelb auf Magen und Darm.
2. Farbe Türkis danach auf dieselben Stellen.
3. Farbe Indigoblau, falls nach Bestrahlung mit 1. und 2. nach 24 Stunden keine Reaktion eintritt.

Wichtig: viel Flüssigkeit und Kalium phos. D 6 (21 Tabletten in heißem Wasser).

Entgiftung (auch von Medikamenten und Drogen)

1. Farbe Lemon auf die Thymusdrüse strahlen.
2. Farbe Rot an die Leber strahlen.
3. Farbe Violett auf das Scheitelchakra und an die Milz strahlen.
4. Farbe Gelb auf die Nierenpole strahlen.

Erbrechen

Viel Wasser trinken, bis man nur noch Wasser erbricht.
1. Farbe Orange auf Magen strahlen zur Entkrampfung.
2. Farbe Indigoblau auf Magen zur Beruhigung bei Würgegefühl. Bei Vergiftung ins Krankenhaus oder Notarzt holen.

Erkältung

1. Farbe Lemon auf die Thymusdrüse strahlen.
2. Farbe Gelb auf das untere Ende des Brustbeins.
3. Farbe Violett auf die Milz strahlen.

Fastenkur (zur Unterstützung von Fastenkuren) siehe »Entgiftung«, sowie zusätzlich

Farbe Rot mit Pyramidenfokus auf einen Akupunkturpunkt strahlen, oben am Unterarm, zwischen Elle und Speiche, ca. 2,5 cm vom Handgelenk entfernt (3E6); sowie an weitere, Akupunkteuren bekannte Punkte (z. B. Magen 25).

Fettleibigkeit

1. Farbe Lemon auf die Thymusdrüse (mit Pyramidenfokus) sowie auf die gesamte Vorderfront mit Zonen- oder Ganzkörperbestrahlung (notfalls nur auf Brustbein und Solarplexus).
2. Farbe Grün auf das dritte Auge.

Bei Schilddrüsenunterfunktion zusätzlich:
Farbe Orange auf die Schilddrüse.

Bei Keimdrüsenunterfunktion zusätzlich:
Farbe Scharlachrot auf die Mitte der Schamhaargrenze und auf die Mitte der Nierenpole.

Bei starken Hungergefühlen und Wasseransammlungen zusätzlich:
Farbe Scharlachrot auf die Nierenpole.

Bei Wasseransammlung muss man übrigens viel trinken.

Fieber

Farbe Blau auf die Schädeldecke strahlen.

Gallebeschwerden, Gallensteine

1. Farbe Lemon mit Farbakupunktur auf Galle strahlen.
2. Farbe Orange danach ebenfalls dorthin zur Weitung.
3. Farbe Grün bei Koliken.

Gastritis, Magenkrämpfe

Bei akuten Beschwerden:
1. Farbe Orange auf den Magen.
2. Farbe Türkis danach ebenfalls auf den Magen.
3. Farbe Indigo zur Beruhigung auf drittes Auge und Bauch (besonders für Raucher).

Bei chronischer Gastritis:
1. Farbe Lemon auf den Magen.
2. Farbe Orange danach.

Geburt

Bei schwachen Wehen:
1. Farbe Grün auf das dritte Auge strahlen.
2. Farbe Scharlachrot auf die Mitte der Schamhaargrenze.

Bei starker Blutung nach Geburt:
1. Farbe Scharlachrot auf die Mitte der Schamhaargrenze (nur sehr kurz, etwa 3 Sekunden mit Pyramidenfokus).
2. Farbe Indigo danach ebenfalls dorthin, aber länger.

Nachdem die Blutung nachgelassen hat:
Farbe Grün und Farbe Magenta im Wechsel auf die Mitte der Schamhaargrenze strahlen.

Zur Förderung des Milchflusses (Stillen):
Farbe Orange auf die Brüste strahlen.

Zur Minderung des Milchflusses:
Farbe Indigo auf die Brüste strahlen.

Gelenkschmerzen

1. Farbe Lemon auf die betroffenen Gelenke strahlen.
2. Farbe Indigo danach auf dieselben Stellen.

Gleichgewichtsstörungen

1. Farbe Violett auf den Scheitel strahlen.
2. Farbe Grün in die Ohren strahlen.

Haarausfall

1. Farbe Orange mit Pyramidenfokus auf vom Haarausfall betroffene Stelle(n).
2. Farbe Lemon mit Pyramidenfokus auf die Thymusdrüse.
3. Farbe Magenta wahlweise mit Pyramidenfokus (kurz!) auf das Scheitelchakra oder als Zonenbestrahlung auf Gesicht, Kopf und Brust (kurz!).

Achten Sie auch auf emotionale Hintergründe für den Haarausfall.

Halsschmerzen

Bei akuten Beschwerden:

1. Farbe Grün mit Pyramidenfokus auf betroffene Stelle.
2. Farbe Blau auf das dritte Auge, mit Pyramidenfokus.

Zusätzlich bei Fieber:

3. Farbe Blau mit Pyramidenfokus an betroffene Halsstelle.

Zusätzlich bei Kopfschmerzen:

4. Farbe Purpur ans dritte Auge, mit Pyramidenfokus (kurz).

Bei chronischen Halsschmerzen:
Farbe Lemon mit Pyramidenfokus an die Thymusdrüse.

Luftfeuchtigkeit genügend hoch halten! Nicht rauchen, auch nicht passiv mitrauchen!

Hämorrhoiden

1. Farbe Lemon zwischen die Schulterblätter, am besten mit Pyramidenfokus.
2. Farbe Indigo auf das Kreuzbein strahlen.

Überprüfen Sie, ob Verstopfung oder Leberschwäche als Ursachen infrage kommen.

Hautallergien

1. Farbe Grün auf die betroffenen Hautstellen strahlen, bei Empfindlichkeit nicht im direkten Hautkontakt.
2. Farbe Violett auf die Mitte des Scheitels strahlen.
3. Farbe Gelb an die Nierenpole.

Heiserkeit

1. Farbe Indigo an das dritte Auge mit Pyramidenfokus.
2. Farbe Indigo auf den Hals als Spot bzw. Zonenbestrahlung.

Auch auf Raucherbelastung bzw. Passivrauchen achten!

Herzbeschwerden

Bei zu schnellem Herzschlag (Tachykardie):
1. Farbe Türkis im Wechsel mit Farbe Magenta mit Pyramidenfokus auf Herz strahlen.
2. Farbe Purpur auf Herz, Nieren und die ganzen Füße strahlen.

Bei zu langsamem Herzschlag (Bradykardie):
1. Farbe Lemon im Wechsel mit Farbe Magenta mit Pyramidenfokus auf Herz strahlen.
2. Farbe Scharlachrot auf Herz, Nieren und die ganzen Füße strahlen.

Zur Unterstützung bei Angina-pectoris-Anfällen:
1. Farbe Lemon im Wechsel mit Farbe Magenta, s.o.
2. Während des Anfalls Farbe Purpur auf das Herz strahlen (am besten mit Pyramidenfokus).

Auf jeden Fall kompetente Behandler aufsuchen!

Heuschnupfen

Bei akuten Beschwerden:
1. Farbe Türkis an beide Nasenflügel mit Pyramidenfokus.
2. Farbe Blau ans dritte Auge, ebenfalls mit Fokus.

Bei chronischen Beschwerden:
Farbe Lemon an beide Nasenflügel mit Pyramidenfokus.

Husten siehe »Bronchitis«

Impotenz, Unfruchtbarkeit

Bei Mangel an sexuellem Verlangen:
1. Farbe Grün auf das Herzchakra strahlen.
2. Farbe Orange auf das untere Ende des Brustbeins.
3. Farbe Magenta und Farbe Scharlachrot im Wechsel auf die Mitte der Schamhaargrenze strahlen.
4. Farbe Magenta an die Nierenpole.

Kehlkopfentzündung

Bei akuten Beschwerden:
1. Farbe Türkis mit Pyramidenfokus auf Kehlkopf.

Zusätzlich bei Schmerzen:
2. Farbe Violett mit Pyramidenfokus auf Kehlkopf.

Bei chronischen Beschwerden:
1. Farbe Lemon mit Pyramidenfokus auf Kehlkopf.
2. Farbe Blau mit Pyramidenfokus auf Kehlkopf.

Bei Kehlkopfentzündung mit Schwellung (ödematös):
1. Farbe Magenta auf die Schwellung (nur kurz).
2. Farbe Scharlachrot auf die Nieren.
3. Farbe Türkis auf den Hals.

Hohe Luftfeuchtigkeit ist Voraussetzung für eine Genesung.

Kopfschmerzen

Bei allgemeinem Kopfschmerz:
Farbe Türkis auf den Bereich des Kopfes strahlen, an dem die Schmerzen empfunden werden.

Bei nervösem Kopfschmerz:
1. Farbe Violett auf das Scheitelchakra mit Pyramidenfokus.
2. Farbe Purpur auf die Brust als Zonenbestrahlung.

Bei Schläfenkopfschmerz:
Farbe Grün in die Mitte der Augenbrauen (Akupunktur).

Bei Migräne und Gefäßverkrampfung:
1. Farbe Scharlachrot auf das Scheitelchakra strahlen.
2. Farbe Purpur auf die Brust strahlen.

Falls ein falscher Aufbiss Ursache für Migräne ist, bitte einen Orthodontisten aufsuchen!

Krampfadern

Farbe Lemon, danach Farbe Magenta, danach Farbe Indigo im Wechsel direkt auf die Krampfadern strahlen.

Kreislaufbeschwerden und Kreislaufkollaps

Farbe Magenta auf das Herz strahlen und auf den »Wiederbelebungspunkt« direkt unter dem Nasenansatz in der Mitte oberhalb der Oberlippe.

Lähmungserscheinungen

Farbe Gelb auf die vordere Schädeldecke strahlen (zur Stimulierung des motorischen Nervensystems).

Leber-Galle-Beschwerden

Bei akuter Leberschwäche:
Farbe Rot mit Pyramidenfokus auf die Leber strahlen.

Bei chronischer Leberschwäche:
1. Farbe Lemon als Farbakupunktur auf die Leber selbst oder auf die Akupunkteuren bekannten Leberpunkte.
2. Farbe Rot auf die Leber.

Zusätzlich, falls Bauchwassersucht (Aszites) hinzukommt:
3. Farbe Indigo auf die Leber.

Bei Leber- und Gallebeschwerden bzw. -entzündungen:
Abwechselnd die Farben Grün und Blau auf Leber und Galle (bzw. deren Akupunkturpunkte).

Zur allgemeinen Unterstützung der Leberfunktion:
Farbe Gelb auf die Leberpunkte in die Mitte der unteren Rippenbögen.

Libido (siehe auch »Impotenz«)

Bei zu starkem sexuellen Verlangen:
1. Farbe Türkis an das untere Ende des Brustbeins.
2. Farbe Purpur und Farbe Magenta im Wechsel auf die Mitte der Schamhaargrenze.
3. Farbe Purpur an die Nierenpole.

Lungenfunktionsunterstützung

Farbe Gelb und Farbe Orange im Wechsel auf die Lunge strahlen.

Bei fieberhaften Zuständen:
1. Farbe Grün und Farbe Blau im Wechsel auf die Brust strahlen.
2. Farbe Blau auf den Rücken strahlen, gegenüberliegend.

Bei chronischer Lungenschwäche:
1. Farbe Magenta auf Brust und Nieren strahlen.
2. Farbe Lemon mit Pyramidenfokus auf Thymusdrüse strahlen.
3. Farbe Gelb und Farbe Orange im Wechsel auf den Rücken strahlen, gegenüberliegend zu den Lungenflügeln.

Zum Abschluss einer Genesungsphase: Farbe Türkis auf den Rücken strahlen.

Lymphstau

Farbe Gelb an die betreffende Lymphstauung.

Magenverstimmung (Magenkatarrh)

1. Farbe Orange auf den Magen strahlen.
2. Farbe Türkis zum Abschluss ebenfalls auf den Magen.

Menses

Bei Ausbleiben der Menses:

1. Farbe Grün an das dritte Auge strahlen, Pyramidenfokus.
2. Farbe Lemon und Farbe Scharlachrot in die Mitte der Schamhaargrenze.
3. Farbe Magenta an die Nierenpole strahlen.

Bei Krämpfen:
1. Farbe Orange auf die Mitte der Schamhaargrenze.
2. Farbe Scharlachrot an die Nierenpole.

Zur Weiterbehandlung zwischen den Perioden:
1. Farbe Lemon im Wechsel mit Farbe Magenta auf die Mitte der Schamhaargrenze.
2. Farbe Magenta an die Nierenpole.

Bei Schmerzen während der Menses:
Farbe Indigo auf die Mitte der Schamhaargrenze.

Zur Weiterbehandlung zwischen den Perioden:
1. Farbe Lemon und Farbe Magenta im Wechsel auf die Mitte der Schamhaargrenze.
2. Farbe Indigo längere Zeit auf die Mitte der Schamhaargrenze.

Bei zu starken Blutungen dieselbe Farbtherapie wie bei Schmerzen.

Bei Unregelmäßigkeit:
1. Farbe Grün an das dritte Auge.
2. Farbe Lemon und Farbe Magenta im Wechsel auf die Mitte der Schamhaargrenze.

Menopause

Ich muss mich an dieser Stelle mit kurzen Stichworten begnügen.

1. Farbe Grün auf das dritte Auge, zur Aktivierung der Hypophyse, mit Pyramidenfokus.
2. Farbe Magenta auf das Kreuzbein, zur Anregung der hormonproduzierenden Drüsen.

Milzstau

Farbe Violett auf die Milz, am besten mit Pyramidenfokus.

Mundschleimhautentzündung (Aphthen etc.)

1. Farbe Grün von außen und innen bestrahlen.
2. Farbe Türkis ebenfalls von außen und innen bestrahlen.

Muskelverkrampfungen (Muskelkater)

Farbe Orange auf die betroffenen Muskelpartien.

Nasenbluten

Bei akutem Bluten:
Farbe Indigo auf Nasenflügel und Nackenpunkt strahlen mit Pyramidenfokus.

Bei chronischem Nasenbluten:

1. Farbe Lemon auf Nasenwurzel strahlen mit Pyramidenfokus.

2. Farbe Magenta danach ebenfalls dorthin strahlen. Vitamin-C-Mangel und zu niedrige Luftfeuchtigkeit prüfen.

Verstopfte Nase (auch bei dadurch bedingter Geruchsminderung)

1. Farbe Lemon seitlich auf die Nasenflügel strahlen.
2. Farbe Scharlachrot danach ebenfalls dorthin.
3. Farbe Grün zum Abschluss wiederum dorthin strahlen.

Nebennieren

Bei Überaktivität:
1. Farbe Purpur an die Stelle oberhalb der Nieren strahlen.
2. Farbe Grün an das dritte Auge.

Bei Unterfunktion:
1. Farbe Lemon an die Stelle oberhalb der Nieren strahlen.
2. Farbe Scharlachrot ebenfalls dorthin.

Nervenentzündung

1. Farbe Türkis an die betroffene Stelle strahlen.
2. Farbe Indigo danach ebenfalls dorthin strahlen.

Nierenfunktion

Farbe Gelb an die Nierenpole strahlen, Pyramidenfokus.

Nierenbeschwerden

Bei akuten Beschwerden:
1. Farbe Türkis an die Nieren.
2. Farbe Scharlachrot danach ebenfalls dorthin.
3. Farbe Magenta auf der Vorderseite des Rumpfes, genau gegenüber den Nierenpolen am Rücken.

Bei chronischen Beschweren:
1. Farbe Lemon im Wechsel mit Farbe Scharlachrot an die Nieren.
2. Farbe Magenta wiederum auf die Vorderseite; s. o.

Bei Urinverhalten:
Farbe Scharlachrot im Wechsel an die Nierenpole.

Bei Nierensteinen:
Farbe Lemon und Farbe Magenta im Wechsel auf die Nierenpole strahlen.

Wie immer bei allen hier aufgeführten Stichworten gilt, dass Farbtherapie eine Maßnahme unter möglicherweise mehreren ist und bei allen ernsthaften Beschwerden auf jeden Fall sachkundige medizinische Hilfe gesucht werden sollte!

Prostata

1. Farbe Türkis an die Stelle oberhalb des Penisansatzes.
2. Farbe Blau auf die Mitte der Schamhaargrenze und an das Steißbein strahlen.

Bei chronischen Beschwerden: Mit Farbe Lemon beginnen. Möglicherweise liegt Zinkmangel vor.

Rückenschmerzen in der Nierengegend

1. Farbe Magenta an die Nierenpole strahlen.
2. Farbe Gelb danach ebenfalls dorthin.
3. Farbe Orange, wiederum dorthin strahlen.

Schluckauf

Farbe Orange mit Pyramidenfokus auf Brustbein und evtl. auf Magen (Solarplexus) strahlen.

Schluckbeschwerden

Bei Schleim etc.:
Farbe Violett mit Pyramidenfokus direkt auf Kehlkopf.

Bitte lesen Sie die Hinweise unter dem Stichwort »Kehlkopfentzündung«, die sinngemäß auch hier gelten.

Schmerzen aller Art

1. Farbe Indigo auf die betroffene Stelle strahlen.
2. Farbe Indigo genau auf die Stelle zwischen 2. und 3. Zeh oben am Zehenansatz strahlen (Akupunkturpunkt Magen 44).

Schnupfen

Bei akutem Schnupfen:
1. Farbe Scharlachrot an beide Nasenflügel strahlen.
2. Farbe Grün und Farbe Blau ebenfalls dorthin.

Bei chronischem Schnupfen:
1. Farbe Lemon an beide Nasenflügel strahlen.
2. Farbe Scharlachrot an beide Nasenflügel strahlen.

Bei fließendem Schnupfen siehe »Heuschnupfen«.

Schreikrampf bei Kindern

1. Farbe Lemon mit Pyramidenfokus auf die Thymusdrüse.
2. Farbe Indigo an den Kehlkopf strahlen.
3. Farbe Orange dorthin strahlen, wo der Krampf empfunden wird (Brust, Bauch o. a.).

Schwächegefühl, allgemeines

1. Farbe Orange zwei Finger breit unterhalb des Nabels mit Pyramidenfokus bestrahlen (Harapunkt).
2. Farbe Rot an das Steißbein strahlen.
3. Farbe Blau im Wechsel mit Farbe Violett in die Mitte des Rückens strahlen, gegenüber dem Solarplexus.

Schwangerschaftserbrechen

1. Farbe Türkis auf den Solarplexus strahlen.
2. Farbe Indigo zwei Finger breit unterhalb des Nabels strahlen (Harapunkt).

Tragen Sie auf keinen Fall hohe Absätze.

Schwellungen und Prellungen

Farbe Indigo auf die betroffene Stelle strahlen.

Schwindel

1. Farbe Grün mit Pyramidenfokus auf das dritte Auge und auf das Herzchakra.
2. Farbe Purpur auf bzw. in die Ohren strahlen.

Bei wiederholtem Schwindel ist natürlich eine fachkundige Untersuchung notwendig.

Stillen siehe »Geburt«

Störzonenbelastungen (geographische oder elektromagnetische)

1. Farbe Türkis an das Kehlkopfzentrum strahlen, Pyramidenfokus.
2. Farbe Grün auf die Mitte des Scheitels strahlen.

Lassen Sie die Störquelle suchen und ausschalten, stellen Sie Bett oder Arbeitsplatz um, wenden Sie sich an einen seriösen Rutengänger.

Stoffwechselanregung siehe »Allgemeine Anregung«

Tumore

1. Farbe Lemon mit Pyramidenfokus an die Thymusdrüse.
2. Farbe Indigo langanhaltend an die betroffene Stelle.

Selbstverständlich wird eine fachkundige, möglichst an der Naturheilkunde orientierte medizinische Behandlung nicht durch Farbtherapie unnötig gemacht. Es gibt aber in der Praxis immer wieder Fälle, bei denen eine geeignete Farbtherapie auch bei Tumoren eine wundervoll heilsame Wirkung zeigt.

Verdauungsschwierigkeiten, Verstopfung

1. Farbe Rot mit Pyramidenfokus auf die »Maus« zwischen Daumen und Zeigefinger strahlen.
2. Farbe Gelb auf Leber und Bauchspeicheldrüse strahlen.
3. Farbe Orange um den Bauchnabel herum strahlen.
4. Falls die Verstopfung chronisch ist, mit Farbe Lemon vor Farbe Rot mit der Akupunkturbestrahlung auf der »Maus« beginnen.

Siehe auch Stichwort »Durchfall«.

Verspannungen der Wirbelsäule

1. Farbe Orange auf die betreffenden Partien strahlen.
2. Farbe Magenta ebenfalls dorthin.

Warzen

Mir ist ein Fall bekannt geworden, bei dem eine länger anhaltende Bestrahlung mit der Farbe Violett über den

Pyramidenfokus zu einer »Spontanheilung« geführt hat. Generell werden mit der Farbe Grün gute Erfolge erzielt.

Wucherungen (»Polypen«, adenoide Wucherungen in Nase oder Unterleib)

1. Farbe Lemon an die betreffende Stelle strahlen sowie mit Pyramidenfokus an die Thymusdrüse.
2. Farbe Indigo danach ebenfalls an die betroffene Stelle strahlen, lang anhaltend.

Würmer

Farbe Gelb und Farbe Lemon im Wechsel rund um den Bauchnabel strahlen.

Wunden (Ausheilung von Wunden)

1. Farbe Indigo auf die Wunde (ohne Hautkontakt), bis die Blutung stoppt.
2. Farbe Grün im Wechsel mit Farben Türkis und Magenta auf die Wunde strahlen.

Zahnfleischentzündung

Bei akuten Entzündungen:
1. Farbe Türkis an die betroffene Stelle im Mund mit Pyramidenfokus, aber ohne Hautberührung strahlen.
2. Farbe Indigo auf das dritte Auge strahlen.

Bei chronischen Entzündungen:

1. Farbe Lemon an die betroffene Stelle im Mund strahlen (ohne Hautberührung) und auf die Thymusdrüse.
2. Farbe Türkis danach ebenfalls an die betroffene Stelle strahlen.
3. Farbe Indigo auf das dritte Auge strahlen.
   Prüfen, ob Sie genügend Vitamine erhalten.

Zahnschmerzen

1. Farbe Grün auf die betroffene Stelle im Mund bzw. am Zahn strahlen, ohne Hautberührung, mit Pyramidenfokus: Farbe Grün auch auf »Zeigefingerpunkt« bzw. »Zahnschmerzpunkt«, seitlich am Fingernagel der Zeigefinger neben dem Halbmond, jeweils auf der Daumenseite.
2. Farbe Indigo auf das dritte Auge strahlen.

Beim Zahnen von Kleinkindern hilft die Farbe Orange an die betreffende Stelle, an der der neue Zahn erscheinen soll, am besten im Wechsel mit der Farbe Grün.

Natürlich sollten Sie im Bedarfsfall Ihren naturheilkundlich orientierten Zahnarzt aufsuchen. Den Druckpunkt am Fingernagel zu aktivieren, ist besser, als mit schmerzstillenden Spritzen den Organismus zu belasten.

Psychosomatische Beschwerden

Bitte denken Sie daran, dass gerade die Bachblüten die Farbtherapie psychosomatischer Beschwerden besonders gut ergänzen. Sie finden ab Seite 179 eine Übersicht zur Entsprechung von Heilfarben und Bachblüten-Essenzen der sieben Hauptgruppen.

Angst

Farbe Gelb an das untere Ende des Brustbeins strahlen.

Große Anspannung durch ungelöste Probleme (evtl. auch bei Bettnässen)

Farbe Indigo zwischen den Augenbrauen, mit Pyramidenfokus.

Depressionen

Farbe Orange vorn auf die Mitte der beiden großen Zehen.

Einsamkeit

Farbe Grün auf den letzten Brustwirbel am Rücken strahlen.

Konzentrationsstörungen

1. Farbe Lemon auf die Schädeldecke strahlen.
2. Farbe Gelb vorn auf die Mitte der beiden großen Zehen.

Lernunlust

Farbe Gelb vorn auf die Mitte der beiden großen Zehen.

Lethargie siehe Stichwort »Aktivität«

Nervosität

1. Farbe Türkis an die Schilddrüse strahlen bei Überaktivität.
2. Farbe Grün und Farbe Rosa im Wechsel an das Herzchakrastrahlen, wenn die Nervosität am Herzen spürbar ist.
3. Farbe Grün rund um den Bauchnabel, wenn die Nervosität im Bauch spürbar ist.

Partnerschaftsprobleme

Zur Harmonisierung von Emotionen:
Farbe Magenta auf die Nebennieren strahlen, oberhalb der Nierenpole.

Prüfungsangst

Farbe Gelb an das untere Ende des Brustbeins strahlen.

Schlafstörungen

1. Farbe Purpur an die Nebennieren strahlen.
2. Farbe Blau auf das dritte Auge.

Traurigkeit, Melancholie siehe Stichwort »Depressionen«

Vergesslichkeit

Farbe Lemon auf die Mitte des Scheitelchakras.

Verzweiflung

1. Farbe Grün auf das Herzchakra strahlen.
2. Farbe Orange zwischen die Schulterblätter.

Handhabung und Dauer der Farbbestrahlung

Man bestrahlt direkt auf die Körperoberfläche, ohne Kleidungsstücke zwischen dem Farblicht und der Körperstelle. Vorsicht bei Farblicht, das Wärme mit abstrahlt: Es kann zu Erhitzungen kommen, die dem Zweck der Farbtherapie zuwiderlaufen. Wenn Sie zum Beispiel mit Grün oder Blau bestrahlen, um zu neutralisieren, zu kühlen und zu lindern oder Entzündungen abschwellen zu lassen, aber die Farblichtquelle selbst nicht nur Farblicht, sondern eben auch Wärme entwickelt, kann die Erhitzung jede Farbwirkung nicht nur aufheben, sondern sogar eine Verschlimmerung der Beschwerden bewirken.

Wenn Sie eine Farbhandlampe mit Quarzpyramidenvorsatz haben, ist im Regelfall eine Bestrahlungsdauer von ca. 1-2 Minuten ratsam, im leichten Kontakt zur Haut – natürlich nicht bei offenen Wunden!

Mit Spotbestrahlung (ohne einen Pyramiden-Akupunkturvorsatz) sollte man 3-20 Minuten bestrahlen, dicht über der Haut. Man kann evtl. ein Stativ für die Handlampe benutzen. Zonen- oder Ganzkörperbestrahlung dauert zwischen 20 und 60 Minuten, maximal 120 Minuten (bei »kühlen Farben«).

Man kann Farbtherapie in begrenztem Umfang auch durch Auflegen von farbigen Folien, notfalls von farbigen Tüchern, ausüben.

Eine andere Methode besteht darin, Quellwasser oder Öl farbig zu bestrahlen bzw. in farbigen Gläsern in die Sonne zu stellen und danach als Heilmittel zu verwenden.

3. Bachblüten und Heilfarben

Für viele Menschen, die sich mit Naturheilkunde beschäftigen, sind die Bachblüten zu einer wesentlichen Hilfe für die körperliche und seelische Gesundheit geworden. Hier ist nicht der Platz, um auf die vielfältigen Wirkungen der Bachblüten, auch gerade in Kombination mit anderen Heilweisen wie Farbtherapie, Zellsalzen und Notfallhomöopathie, einzugehen (siehe dazu ausführlicher in meinem Buch *Die richtige Schwingung heilt*). Ich möchte Ihnen aber wenigstens die wichtigsten Hinweise ohne große Erklärungen geben.

Bekanntlich hat Edward Bach zunächst zwölf Blüten als die »Zwölf Heiler« bezeichnet. Danach entdeckte er weitere Blüten, die er in sieben Gruppen zusammenfasste. Diese wohlüberlegte Einordnung in sieben Gruppen wird heute von manchen Heilern leider übersehen. Es läge nahe, wenn man nun nach Farbentsprechungen sucht, entweder zwölf oder sieben Hauptfarben zu nehmen. In der Tat sind es sieben Heilfarben, denen die Bachblüten entsprechen. Für das Notfallmittel, eine Kombination verschiedener Bachblüten, gilt eine besondere Farbe.

Die Heilfarben, die den Bachblüten entsprechen, werden als Spot auf die betreffende Körperzone gestrahlt.

Mit den Bachblüten-Farbkarten können Sie sowohl von den Blüten zu den Heilfarben gelangen, wie von Farbvorlieben zu Blüten, um die Auswahl der richtigen Bachblüten zu erleichtern.

Nach meinen Erfahrungen gibt es folgende Farbentsprechungen:

Gelb:

Gruppe 1, *Angst* – alle Bachblüten, also Rock Rose, Mimulus, Cherry Plum, Aspen und Red Chestnut.

Gruppe 3, *Mangelndes Gegenwartsinteresse* – Clematis, Wild Rose, Honey Suckle.

Rot:
Gruppe 2, *Unsicherheit* – alle Bachblüten, also Cerato, Scleranthus, Gentian, Gorse, Hornbeam und Wild Oat.

Türkis:
Gruppe 3, *Mangelndes Gegenwartsinteresse* – White Chestnut, Chestnut Bud, Olive, Mustard.

Grün:
Gruppe 4, *Einsamkeit* – alle Bachblüten, also Water Violet, Impatiens und Heather.
Gruppe 7, *Übertriebene Fürsorge* – alle Bachblüten, also Chicory, Vervain, Vine, Beech und Rock Water.

Blau:
Gruppe 5, *Überempfindlichkeit für Einflüsse* – alle Bachblüten, also Agrimony, Centaury, Walnut und Holly.

Orange:
Gruppe 6, *Mutlosigkeit und Verzweiflung* – Larch, Pine, Elm, Sweet Chestnut, Star of Bethlehem, Willow und Oak.

Violett:
Gruppe 6, *Mutlosigkeit und Verzweiflung* – Crab Apple.

Magenta:
Notfallmittel (eine Mischung von verschiedenen Bachblüten).
Ich darf Ihnen übrigens versichern, dass meiner Erfahrung nach die deutschen oder Schweizer Bachblüten genauso

gut wirken wie die englischen (zumal Blüten wie Olive ohnehin ja dem Mittelmeerraum entstammen). Eine unverständliche Politik sowohl der neuen englischen Besitzer des Bach-Zentrums als auch der deutschen Bachblüten-Importeure sowie der deutschen Behörden hat dazu geführt, dass die original englischen Mittel manchmal nur sehr schwer oder nur in teuren Vormischungen oder nur über Ärzte erhältlich sind. In anderen Ländern sind diese Mittel hingegen frei verkäuflich, in Apotheken, Naturkosthäusern und Kräuterläden. Von Julian Barnard, dem Autor von *Das Bachblüten-Wunder*, gibt es inzwischen hervorragende Bachblüten-Essenzen, die auch im deutschsprachigen Raum erhältlich sind. Gott sei Dank lässt sich Farbe nicht behördlich reglementieren oder kommerziell vermarkten. Licht gibt es überall – Sonnenlicht, elektrisches Licht, Batterielampen und Kerzen. Und Farbfilter, sei es aus Theaterbeleuchtungsfolien, Kamerafiltern, Kirchenglas oder notfalls kurzzeitig aus transparentem farbigem Stoff, sind ebenfalls allgemein leicht zugänglich. Man mag sich fragen – nachdem politische Mauern gefallen sind, Rassenschranken verschwinden und die soziale Gleichberechtigung aller Menschen allgemein immerhin anerkannt, wenn auch noch nicht angewandt wird – wie lange es noch dauern wird, bis wir endlich die Freiheit in der Medizin-, Therapie- und Behandlerwahl verwirklichen? Dieses Buch versucht, einen Beitrag dazu zu leisten, dass Menschen sich bei der Suche nach Gesundheit an Körper, Geist und Seele nicht mehr bevormunden lassen müssen, sondern die Dinge mit einfachen Mitteln selbst in die Hand nehmen können.

VIII.

Ohne Augen sehen

1. Inneres Licht und innere Farben

Sie haben eine Fülle von Anregungen erhalten zur Bedeutung, Anwendung und Wirkung von Farben, vor allem von Lichtfarben. Im Traum, bei geführten Fantasiereisen oder in der Meditation haben Sie vielleicht bereits erfahren, dass es auch im Inneren, in höheren geistigen Dimensionen, Farbe und Licht gibt. In manchen spirituellen Lehren heißt es, dass sich nach und nach neue Farben auch sichtbar manifestieren werden, in dem Maße, wie sich das Bewusstsein der Menschheit entwickelt. Vielleicht ist Ihnen auch schon aufgefallen, wieviel häufiger Magenta – also ein kräftiges, leuchtendes Rotviolett oder starkes Malvenrot – als Modefarbe geschätzt wird. Auch Türkis gewinnt zunehmend an Beliebtheit. Bereits die Veränderung der modischen Farben – ich spreche nicht über das absurde »Modediktat« von Textilfarben und Designern, die nichts Besseres zu tun haben, als jede Saison aufs Neue darum zu konkurrieren, wer die scheußlichsten Farben erfindet – ist ein deutliches Signal für den Bewusstseinswandel.

In diesem Schlussabschnitt möchte ich Ihre Aufmerksamkeit nun ganz auf die inneren Reiche Ihres Bewusstseins und auf die Entdeckung Ihrer »Sehfähigkeit« ohne

Augen lenken! Das sogenannte Augenbrauen-Chakra – oder »dritte Auge« bzw. »Einzelauge« – wird in den traditionellen Chakrasystemen auch das sechste Chakra genannt. Über dieses sechste Chakra sagt Rajinder Singh, ein Meditationsmeister des inneren Lichts und Tons und Nachfolger des in die geistige Welt hinübergewechselten Mystikers Sant Darshan Singh unter anderem:

»Das wichtigste Kraftzentrum in der Welt ist der Sitz der Seele, der Augenbrennpunkt, das dritte Auge, das Einzelauge, da unsere Seele nur von diesem Zentrum aus in die inneren Bereiche gelangen kann. Nur von diesem Zentrum aus können wir Gott erkennen, können mit dem göttlichen Strom von Licht und Ton in Verbindung kommen (...).

Da die Zusammensetzung (der inneren Dimensionen) von unterschiedlicher Dichte ist, erscheint uns der Licht- und Tonstrom Gottes unterschiedlich, wenn er durch diese Ebenen hindurchfließt. Auf der ersten Ebene sehen wir das Licht von Kerzen, auf der zweiten das Licht der rot aufgehenden Sonne. Auf der dritten Ebene sehen wir ein Licht, das von einem Mond zu kommen scheint. Auf der vierten Ebene sehen wir das einer Mittagssonne. Und die fünfte Ebene ist... voller Licht... Es ist wie das Licht von Hunderttausenden von Sonnen und Monden. Und ähnlich unterschiedlich ist auch der Klang, den wir auf den einzelnen Ebenen hören...«*

Jeder Mensch erlebt nicht nur Energien und Schwingungen in Aura und Chakras, sondern auch in noch feineren und höheren Bewusstseinsdimensionen. Man kann über die Aktivierung von Chakrakräften durchaus in bestimmtem Maße nach innen gelangen. Mit der Beherrschung der Energien des Basischakras zum Beispiel kann man die

* *Auszüge aus einem Interview mit Rajinder Singh*

Schwerkraft überwinden und fliegen. Über die Beherrschung der Kräfte des Nabelchakras vermag man Wünsche zu verwirklichen. Über die Öffnung des Scheitelchakras können wir erste Einblicke in astrale Welten gewinnen. Aber nur über das Augenbrauenchakra gelangen wir bewusst und klar in unsere geistige Mitte.

Dort vermag sich die Aufmerksamkeit der Seele bewusst zu sammeln und das Körperbewusstsein ebenso bewusst zu überschreiten. Es gibt einen wesentlichen Unterschied zwischen den motorischen Lebenskräften, wozu auch die Pranakraft gehört, und den sensorischen Lebenskräften, die sich als Bewusstsein der Seele auch völlig unabhängig vom physischen Körper, von psychosomatischen Vorgängen und von intellektuellen Fähigkeiten offenbaren.

Anders gesagt: Völlig unabhängig von körperlichen und gefühlhaften Vorgängen gibt es ein unabhängiges Bewusstsein der Seele. Wenn Sie selbst schon einmal ein Nah-Toderlebnis hatten oder darüber gelesen haben, wissen Sie, dass Menschen sich in solchen Momenten als Körper auf der Erde liegen sehen, während sie von oben die Ereignisse wie unbeteiligt beobachten.

Wenn wir die Aufmerksamkeit der Seele konzentriert und gleichzeitig gelassen, mit Hingabe und doch ohne Erwartung, am Sitz der Seele am oder besser im dritten Auge sammeln und uns von dort aus von der göttlichen Kraft führen lassen, öffnen sich vor unserem inneren Auge Wunderwelten der Farben, Formen und Geschehnisse. Wir dürfen erleben, dass wir nicht allein sind. Wir erfahren, dass wir Menschen ein bewusstes Sein, d. h. Bewusstsein nicht nur besitzen, sondern SIND, welches sowohl durch diesen Körper und diese Persönlichkeit in dieser relativen Zeit lebt, aber davon unabhängig Teil der großen, unsagbaren lichten Ewigkeit ist.

Wenn wir inständig und aufrichtig um Hilfe und Führung für unseren Lebensweg außen und innen bitten, werden wir nach dem göttlichen Gesetz zu einer erleuchteten

Seele geführt, die uns den Weg weisen kann. Ihn gehen müssen und können wir allein, d. h. all-eins.

Wer suchet, der findet. Wer klopfet, dem wird aufgetan. Wenn dein Auge einfältig ist, wird dein ganzer Leib licht sein. Die Bibel weist oft völlig unverschlüsselt auf den Zugang zum Mysterium des Lebens hin.

Der christliche Mystiker Angelus Silesius schrieb: »Das Licht der Herrlichkeit scheint mitten in der Nacht. Wer kann es seh'n? Ein Herz, das Augen hat und wacht.« Und weiter: »Wer seine Sinne ins Innere gebracht, der hört, was man nicht red't, und siehet in der Nacht.«* Meister Eckehart sprach: »Alles, was Gottvater seinem eingeborenen Sohn in der menschlichen Natur gegeben hat, das hat er völlig auch mir gegeben. Hiervon nehme ich nichts aus, weder die Einung noch die Heiligkeit; sondern er hat mir alles ebenso gegeben wie ihm.«** Nach Eckehart sind also alle Menschen mit den Gaben der Christuskraft gesegnet. Auch die Schöpfungsgeschichte berichtet vom Licht als erstem Ausdruck der göttlichen Kraft: Es werde Licht – und es ward Licht. Dies geschah, bevor sich die schöpferische Allmacht in Menschen mit Augen manifestierte!

Der Mystiker und Meister des inneren Lichts und Klangs, Sant Darshan Singh, erklärte in einem seiner Verse: »Er ist in jedem Instrument verborgen, in jedem Lied und jeder Melodie. Die ganze Schöpfung spiegelt Seine Herrlichkeit. Es gibt weder eine einzige funkelnde Welle noch einen einzigen glühenden Stern, die ihren Glanz nicht Seinem Licht verdanken.« Er offenbarte auch: »Wenn die Flamme aus dem Kelch blitzt, wird ein Lichtstrahl hervorbrechen. Aber wenn meine Augen in die Augen des Mundschenks blicken, bricht der Tag an.«***

* Angelius Silesius, *Der Cherubinische Wandersmann*

** Meister Eckehart, *Vom Wunder der Seele*

*** Sant Darshan Singh, *Liebe mit jedem Atemzug – Meine Art der Dichtung*

2. Das heilende Licht des Lebens

Wenn das Kleinkind schon durch das Licht aus den Augen der Mutter mit Leben und Liebe erfüllt wird – was wird sein, wenn wir in das Licht der Schöpfung schauen dürfen?

Wenn das Leben, der »Kelch«, bereits flammende, blitzende Lichtstrahlen hervorbringt, wie werden wir die Fülle des Lichts aus den Augen des Schöpfers des Lebens, des »Mundschenks«, fassen können?

»Ich konnte weder ein Lächeln in den Blüten noch Licht in den Sternen finden; bis ich Dich traf, Geliebter, fand ich Freude nirgendwo«, sagte Goethe.

Wir schauen Licht mit unseren Augen, den äußeren und dem inneren. Goethe wusste, »Wär nicht das Auge sonnenhaft, Die Sonne könnt' es nie erblicken.« Wir sind Licht, nur deshalb können wir Licht wahrnehmen. Unsere Augen vermögen nicht nur Licht aufzunehmen, sondern auch auszustrahlen. Möge uns allen beschieden sein, dass wir das Licht der Liebe, die Farben der Sympathie, den Regenbogen der Harmonie in allen Situationen sehen und auch selbst ausstrahlen können!

Die Seelen funkeln wie das irisierende Licht von Perlmutt, in dem sich das gleißende Licht der Sonne spiegelt. Alle Sonnenstrahlen gehen von einer Mitte aus und wandern in die Unendlichkeit des Alls. Mögen wir Seelen-Sonnenstrahlen den Blick einmal nach innen wenden, auf unsere Mitte hin, und auf dem Licht, das uns ausgesandt hat, zum Ursprung zurückkehren, so werden wir beschenkt von der Fülle des Eins-Seins. Wir werden die Mannigfaltigkeit des Lebens als Symphonie der Farben erfahren, die aus dem einen Licht entstehen und sich zu dem einen Licht auch wieder fügen.

Ich wünsche Ihnen, dass Sie die Farben Ihrer Seele kennen- und schätzen lernen als eine Facette des lichten Regenbogens der Schöpfung. Ich wünsche Ihnen von ganzem

Herzen so viel Licht in Ihrem Leben, wie Sie nur irgend fassen können. Lassen Sie uns alle die göttlichen schöpferischen Kräfte um Licht für diese Erde bitten.

Hinweise auf Seminare, Workshops, Kurse, Karten, CDs und die Farblampe

Seminare

Ingrid Kraaz von Rohr hält Kurse zur Einführung und Fortbildung für Laien und Behandler zum Thema *Licht und Farbe*.

Kontaktadresse im Rahmen der »Natürlichen Komplementärmedizin«:

Naturheilpraxis Ingrid Kraaz von Rohr
Auf der Eierwiese 5a
D-82031 Grünwald
Tel.: +49 (089) 641 11 10
Email: ingridk.vonrohr@gmail.com

Kontaktadressen für Lichtmeditationen:

Meditationszentrum München
Schleißheimerstr. 22a
D-80333 München
Tel.: +49 (089) 54 21 20 65
www.wds-online.eu

Meditationszentrum Zürich
Meierwiesenstr. 54
CH-8064 Zürich-Altstetten
Tel.: +41 (044) 555 90 15

Meditationszentrum Wien
Praterstr. 40
A-1020 Wien
Tel.: +43 (01) 218 99 80
www.sos-online.eu

CD

»Innere Stärkung der weiblichen Kraft« eine Entspannungsreise in Farben und Tönen mit Musik von Deuter und Loeffler

Farblampe

Zur Aktivierung der Chakras und Kraftzentren, zur Farbtherapie, Farbakupunktur und zu Farbmeditation sowie Experimenten bietet die Firma Leben & Licht Co., Inc. Santa Fe, eine professionelle Farblampe an, die von der Autorin empfohlen wird, die MultiColorCombi.
Es handelt sich um eine Farbhandlampe mit einem Quarzglas-Pyramidenaufsatz zur Farbakupunktur sowie 2 x ca. 15 verschiedene Farbfilter, die praktisch beliebig kombiniert werden können.
Diese Farbhandlampe eignet sich für Punkt-, Akupunktur- und Spotfarbbestrahlung – nicht für großflächige oder Ganzkörperbestrahlung. Sie kostet im kompletten Set z. Zt. EUR (D) 120,--.

Die Lampe ist erhältlich über:
WRAGE Versand Service
Schlüterstr. 4
D-20146 Hamburg
Tel.: +49 (040) 41 32 97-0
Email: wrage@wrage.de

Farb-Energie-Set

Farbuntersetzer zur Informationsweitergabe an ein Glas Wasser
12 Karten, 100 x 100 mm; mit Anleitung
EUR (D) 12,95
ISBN 978-3-8434-9033-7

Schirner Verlag
Elisabethenstr. 20–22
D-64283 Darmstadt
Tel.: +49 (06151) 39 18 31 28
Email: vertrieb@schirner.com

Farbkarten-Test

»Meine Kraftfarben finden«, 33 Karten mit Beschreibung zur Entwicklung von Persönlichkeit und Spiritualität, Ingrid Kraaz von Rohr, Urania Verlag, ISBN 978-3-03819-077-6

»Das Original-Heilblüten-Farbkarten-Set«, Blütenmagazin nach Dr. Edward Bach und Farbtherapie, Ingrid Kraaz von Rohr, 38 Grundkarten und 39 Meditationskarten mit Anleitungsbuch, AG Müller Urania,
ISBN 978-3-905017-09-0

Literaturhinweise

»Farbtherapie – Das Basiswissen über Wirkung und Anwendung der Farben«, Ingrid Kraaz von Rohr, 192 Seiten, Nymphenburger, ISBN 978-3-485-00980-5 oder 978-3-485-01200-3

»Farbtherapie aus der Küche«, Ingrid Kraaz von Rohr, Nymphenburger, ISBN 978-3-485-00754-2

»Wege zum richtigen Pendeln«, Set mit 40 Pendelkarten, Goldpendel und Begleitbuch, Ingrid Kraaz von Rohr, Urania, ISBN 978-3-908655-08-4

»Think Pink – Positiv denken und leben mit Rosa«, Ingrid Kraaz von Rohr, 64 Seiten, Nymphenburger, ISBN 978-3-485-01047-4

»Wenn die Umwelt krank macht«, Vorsorge und Selbsthilfe durch Naturheilkunde, Ingrid Kraaz von Rohr, 256 Seiten, Knaur, ISBN 978-3-426-87253-6

»Die richtige Schwingung heilt« – Nachschlagewerk und praktisches Anwendungsbuch für Farbtherapie, Bachblüten, Schüssler Salze und Notfall-Homöopathie, Ingrid Kraaz von Rohr, Goldmann ISBN 978-3-442-30528-5

»Gute Laune kann man essen – Farbtherapie aus der vegetarischen Küche«, Ingrid Kraaz von Rohr, 159 Seiten, Nymphenburger, ISBN 978-3-485-01138-9

»Meine tägliche Farbe zur Stärkung der Persönlichkeit – ganz einfach«, Ingrid Kraaz von Rohr, 31 Farbkarten für Glück, Erfolg und mit einem täglichen Essenrezept in Farbe!, 48-seitiges farbig illustriertes Büchlein, Königsfurth Urania, ISBN 978-3-86826-103-5

Über die Autorin

Ingrid Kraaz von Rohr arbeitet seit vielen Jahren in der Erfahrungsmedizin und Naturheilkunde und ist auch als Autorin auf diesem Gebiet tätig.

Die Schwerpunkte in ihrer seit 30 Jahren geführten Praxis sind Homöopathie, die Arbeit mit Licht und Farbe, Anti-Sucht-Akupunktur, Ursachenforschung bei Allergien und deren Behandlung, Schmerztherapien, Ernährungsberatung und Kräuterheilkunde (Phytotherapie). Ihre Behandlungsweise basiert auf einem breiten Fundament von klassischem und alternativ naturheilkundlichem Wissen.

1991 gründete Ingrid Kraaz von Rohr die Akademie für »Natürliche Komplementär-Medizin«, entwickelte den »Bachblüten-Farb-Diagnose-Test« und weitere Farbentests.

Im In- und Ausland vermittelt sie praktisches Wissen der Erfahrungsheilkunde in Vorträgen, Seminaren, Workshops und Fachausbildungen.

In den USA, Neu Mexico, und für die Darshan-Akademien in Indien, wirkte sie an der Ausarbeitung eines Curriculums für den Unterrichtsplan zur Naturheilkunde und Alternativen Medizin mit.

Mitglied im Heilpraktikerverband Bayern e. V. seit 1982.

www.ingridkraazvonrohr.de